U1001763

一开口就让人喜欢你

古木／编著

YIKAIKOU
JIU RANGREN
XIHUAN NI

吉林文史出版社
JILINWENSHICHUBANSHE

图书在版编目（CIP）数据

一开口就让人喜欢你 / 古木编著 . -- 长春 : 吉林文史出版社 , 2018.10（2021.12 重印）

ISBN 978-7-5472-5484-4

Ⅰ. ①一… Ⅱ. ①古… Ⅲ. ①口才学—通俗读物
Ⅳ. ①H019-49

中国版本图书馆 CIP 数据核字（2018）第 225049 号

一开口就让人喜欢你

出版人　张　强
编　　著　古　木
责任编辑　陈春燕
封面设计　韩立强
插图绘制　赖鼎伟
出版发行　吉林文史出版社有限责任公司
地　　址　长春市净月区福祉大路5788号出版大厦
印　　刷　天津海德伟业印务有限公司
开　　本　880mm × 1230mm　1/32
印　　张　6
字　　数　150千
版　　次　2018年10月第1版
印　　次　2021年12月第3次印刷
书　　号　978-7-5472-5484-4
定　　价　32.00元

前言

PREFACE

只要是生理健全的人，出生不久就能咿呀学语，继而通过语言表达自己的思想、情感，以及对现实生活的种种诉求。说话，表面看来像是每个人都会、能够无师自通的一种本能；实质上，要把话说好，既能准确地表述自己的思想和愿望，更能使自己的话铿锵有力、收到最佳的效果，却是一件不容易的事情。

古希腊著名的预言家伊索，出身寒微，曾做过奴隶。一天，主人家里来了客人，都是当时的社会名流，主人要伊索准备一道最好的菜。结果，伊索端上来一盘大家司空见惯的猪舌头。众人不解，伊索解释说："舌头能够说出世界上最美的语言，能够喊出'妈妈'这样崇高的称呼！难道它不是最好的菜吗？"大家觉得他言之有理，还对他夸奖了一番。主人也觉得很有面子。

过了几天，还是这些人，再度光临。主人要伊索准备一道最坏的菜。伊索端给大家的竟然还是猪舌头！这可是被伊索说成是最好的菜呀！大家仍旧迷惑。伊索又说："舌头能够说出世界上最恶毒、最下流、最无耻的话。难道它不是最坏的菜？"

在中国，有一句俗话说："良言一句三冬暖，恶语一句六月寒。”只要把话说得得体、巧妙，即使是初次相识抑或有点矛盾的人，也能感觉非常温暖、非常舒服，交谈者之间的距离会逐渐缩短，气氛会极为融洽，在此情境之下，自己的愿望就极可能实现。否则，即便是关系亲密的朋友，也有可能因为言语不当，让人觉得如鲠在喉，就算对方不当场发作，其后果也是相当严重的。

中国还有“一言兴邦，一言丧邦”的说法。在古代，“邦”即是国家。战国时期的苏秦，先以“连横”之术游说秦国，没有被秦王接受；后以“合纵”之术游说六国，获得成功。有相当长一段时间，实力原本最强的秦国，不敢出函谷关半步。而最终秦国得以摆脱困境，也是派人游说六国，以“连横”破解“合纵”，只是主角不是苏秦，而是张仪罢了。赤壁之战前，曹操统一北方，实力无人能及，诸葛亮舌战群儒，促成孙、刘联合，从而彻底改变了天下的格局和走势。

在当今社会，“邦”也可看作是利益共同的一个团体、一个企业，想要发展壮大，想要屹立不倒，必须要有能说会道的人，去协调团体、企业和周围环境的关系。

说话是一门艺术，而且是一门极为重要的艺术。掌握了这门艺术，既可帮助你在事业上飞黄腾达，也能帮助你在交朋结友方面如鱼得水，还能帮助你家庭和睦、得享天伦之乐。拥有这本图解书，你就拥有了通往这道艺术大门的金钥匙！本书不仅有精辟系统的理论，更有流畅明白的语言、生动活泼的插画，还有我们对每一位读者朋友最诚挚的情谊和最深切的关怀！

目录

CONTENTS

第三章 认“对象”，句句道进心坎里

第四章 看“场合”，随时随地不失言

第一章

知『轻重』，谈话效果激增

yikaikou
jiu rangren
xihuan ni

1.能退百万之师

公元前630年9月，晋文公联合秦穆公，出兵攻打郑国。郑国一直都是一个实力不强的小国，而秦、晋两国，向来都是实力超群的大国，特别是晋国，在晋文公掌权之后，实力的上升更是有目共睹。如今，秦、晋两国共同出兵，郑国形势岌岌可危。

秦、晋两国大军兵临城下，郑国眼看就要亡国。危亡之际，郑国大夫佚之狐向郑国国君推荐烛之武。郑国国君召见烛之武，请求他为解除国家危难出力。此时的烛之武已近古稀之年，他对郑国国君说："我年轻的时候，尚且比不上别人，现在老了，更没有什么用处了。"郑国国君听懂了他的话外之意，立即说："我没有及早重用你，现在国家有了危难才想到你，这是我的过错！"见国君肯主动认错，烛之武再也无话可说，答应为国效力。于是，郑国国君让人用绳子把烛之武从城墙上放下，让他前往秦军的营寨。

烛之武见到秦军主帅秦穆公，请求对方从郑国撤军，并说："眼看郑国就要灭亡了，要是这样对秦国真正有利，我觉得您的所有努力都是值得的。但是，灭亡郑国，得到真正好处的不是秦

烛之武，公元前630年，春秋郑国人，秦晋联兵围攻郑国，郑大夫烛之武敏锐地发现郑国的灭亡无益于秦国，而更有利于晋，于是便对秦穆公“动之以情，晓之以理”，劝秦退兵并与郑结盟。计谋成功后，秦晋退兵，郑国才得以存在。

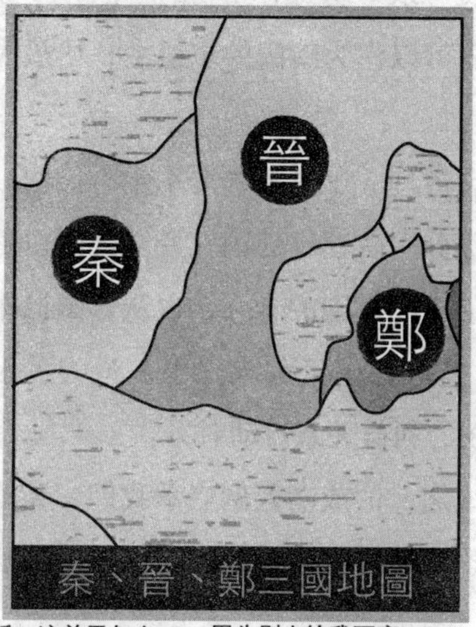

秦、晉、鄭三國地圖

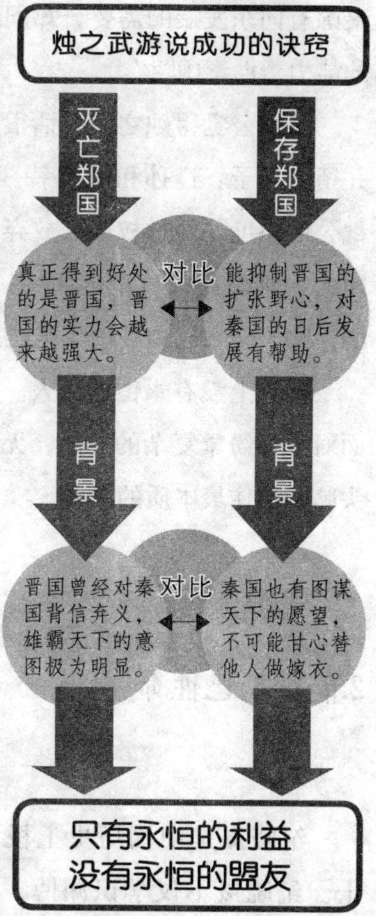

国，而是晋国。当年您曾大力帮助晋惠公，晋惠公也曾答应要赠送晋国的焦和瑕这两个地方报答您，结果，他早上刚过黄河回到晋国，晚上就开始在那里修筑工事，对付秦国。晋国的背信弃义是有目共睹的，晋国的贪得无厌您也是心中有数的。要是您率军撤回，确保郑国不至灭亡，不仅可以牵制野心勃勃的晋国，一旦秦国有向东发展的需要，郑国还可以作为秦国的东道主，尽最大的能力帮助秦国。”

秦穆公觉得烛之武的话很有道理，于是率领秦军主力撤回，并留下杞子、逢孙和杨孙率一部分军队驻守郑国。晋文公明白秦穆公的态度，经过权衡，放弃了灭亡郑国的念头，也从郑国撤军回去。烛之武仅凭个人之力，拯救郑国于危难之中，最为关键的，在于晓之以理，以实实在在的利益关系打动对方。

世界上没有永恒的敌人。烛之武的成功范例启示我们，无论面对怎样纷繁复杂的局面，无论处境多么险恶，都应保持清醒的头脑，抓住最本质的关系。

2.能保一己性命

纪晓岚是中国历史上极负盛名的才子，乾隆十九年中进士。纪晓岚不仅学识渊博，也极为机智幽默，还以能言善辩著称。

身在官场，自古来有“伴君如伴虎”之说，作为臣子，稍有不慎，就有可能遭遇不测之祸。纪晓岚一生为官，当政的乾隆皇帝，晚年自称“十全老人”，是中国历史上少有的附庸风雅、以才学自命的皇帝之一，他们君臣之间，也就演绎了许多极富传奇色彩的故事。

传说，有一天，乾隆皇帝当朝考问纪晓岚：“何为忠？何为孝？”纪晓岚答：“君要臣死，臣不得不死，就是忠；父要子亡，子不得不亡，就是孝。”乾隆说：“寡人现在就赐你一死。你自己选择怎样死吧！”自古君无戏言，他们所说的每句话都是金口玉言，不容有丝毫违逆。乾隆皇帝这样对纪晓岚说，本意并不是真的要赐死纪晓岚，主要目的是考验纪晓岚的智慧；倘若能够让纪晓岚难堪，也算是一件开心事。

朝中一班大臣，平日嫉妒纪晓岚的不少，也都怀着落井下石的心态，准备瞧纪晓岚的难堪。让人意想不到的是，听了乾隆的话，纪晓岚居然没有为难之色，只见他略一思忖，谢主隆恩之后，径自退出大殿。

面对这样的结局，很多人都感觉乾隆的这个玩笑开得太大。乾隆自己也想：“虽然纪晓岚平日爱出风头，但真要让他马上就死，心里还真有点舍不得。”但如今的形势，明显已经骑虎难下。因为乾隆既然已经赐死纪晓岚，纪晓岚就得死，否则就是抗旨不遵，结果同样是死罪。

纪晓岚官虽大，但为人通达，礼贤下士，所以交游甚广。朋友知己、门生故吏不计其数，是乾隆时期公认的文坛领袖。

纪昀，1724年—1805年，字晓岚，晚号石云，道号观弈道人。乾隆十九年中进士，清代著名的学者，曾任礼部尚书、兵部尚书、左都御史、协办大学士和《四库全书》总纂官。嘉庆帝称其“敏而好学可为文，授之以政无不达”。谥号文达，世称“文达公”。

纪晓岚成功免死的关键

假借历史名人屈原之口

屈原投汨罗江自尽，是因为楚怀王昏庸。

推论一

重臣自杀，表明帝王昏庸。

推论二

只有昏庸、残暴的帝王才会逼忠臣自杀。

纪晓岚成功免死的关键，在于紧紧抓住了乾隆不甘承认自己昏庸、残暴的软肋。

纪晓岚趣闻　个个都是草包

大臣和珅贪婪成性，一次他新修了一座竹园，知道纪晓岚墨迹珍贵，便要他题个亭额。

纪晓岚略加思索之后，挥笔在纸上写了“竹苞”两个大字。和珅赶快让工匠刻成匾额，悬挂在亭台上。

有一天，乾隆来游园，看见亭台上的匾额大笑，并说：“好一个纪晓岚！这竹苞两字，拆开来就是‘个个草包’嘛！”

就在大家怀着忐忑的心情静观事态演变之时，纪晓岚竟然气喘吁吁地跑了回来。只见他扑通一声跪下，对乾隆说：“皇上，臣不能死呀！”乾隆说：“我已经赐你死了，你怎么不能死呢？”纪晓岚答：“我领旨出去，已经抱定以死表示忠心的。可我到了河边，准备跳河自尽，不料屈原从河里冒出来，劈头盖脸对我臭骂道：‘你小子真是混蛋呀，我当初跳河自尽，是因为楚平王昏庸无道。现在的皇上英明贤达，你这一死，岂不是给他脸上抹黑吗？’所以，经再三考虑，我还是回来了。”事已至此，乾隆皇帝也只好顺势说：“既然屈原都这么说了，你就继续辅佐朕吧！”

纪晓岚不仅保全自己的性命，还让那些想要让他难堪的人愿望落空。

3.能抱得美人归

当今社会，价值多元化，一个人实现自己人生目标、体现自己生命价值的方式和途径有很多。认真读书固然必要，但在更多的时候，需要在与人交流合作的过程中，懂得说话的艺术，才是最为重要的。我们甚至可以说：“‘说’中自有千钟粟，‘说’中自有黄金屋，‘说’中自有颜如玉。”

被称为世界“交响乐之父”的德国著名音乐家门德尔松，在音乐方面的天赋和才华毋庸置疑。而且，祖父是著名的哲学家，父亲是成功的银行家，母亲是钢琴家，可谓身世显赫。唯一美中不足的是他的长相很一般，不仅身材矮小，而且还是一个驼背。如此令人不敢恭维的外表，使得他在恋爱和婚姻方面一直感到自卑。但是，有一次，门德尔松到汉堡一个朋友家小住，认识了朋友的女儿塞西尔。她是一个天使般纯洁、美丽的女孩，门德尔松深深地爱上了她！向来自惭形秽的门德尔松迟迟不敢开口向塞西尔表达自己的爱意。

爱情的折磨既让人幸福，也让人痛苦。眼看自己离开的时间就要到了，要是自己始终不敢向对方表白，势必会错过自己深爱的美丽女子。于是，门德尔松最终还是鼓起了勇气。他勇敢地敲开了塞西尔的房门，开口问道：“你真的相信一个人的婚姻是上帝决定的吗？”

“是的，我相信。”塞西尔羞涩地答道。

“对，我也相信。”门德尔松说，“每个男孩子出生时，上帝都会告诉他，哪个女孩子将来会同他结婚。我出生时，上帝为我指出了那个女孩子，并说你的妻子将是个驼背。我大声喊道：‘上帝！让一个女孩子驼背太残酷了，让我来替她驼背，让她是个美丽的天使吧！’”

门德尔松的话让塞西尔非常惊异。她没有想到才华横溢的门德尔松内心竟然如此细腻；她也没有想到自己在门德尔松的心目门德尔松为德国浪漫音乐派最具代表性的人物之一。他的《仲夏夜之梦》序曲为浪漫主义作曲家描绘神话仙境提供了先例。他独创“无言歌”的钢琴曲体裁，对于标题音乐和钢琴艺术的发展都有着巨大的启示价值。他的审美趣味和创作天才都深刻地影响了后来的浪漫主义音乐。

门德尔松，1809年—1847年，德国著名的音乐家，被誉为“交响乐之父”，代表作有小提琴曲《e小调小提琴协奏曲》、《春之歌》、交响曲《苏格兰交响曲》、《意大利交响曲》、《仲夏夜之梦》序曲等。

门德尔松求爱成功的秘诀

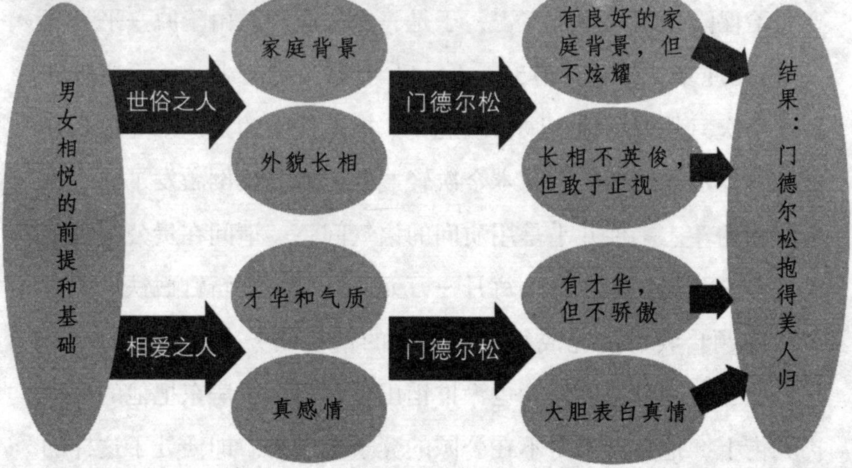

中竟然有着那么重要的地位。塞西尔被感动了，她最终成为门德尔松的妻子。

爱情和幸福婚姻的基础，是两个人的感情，是彼此深切的关怀，倘若门德尔松不是真诚地爱对方，如果他仅是用自己的音乐才华，甚至是自己显赫的家庭背景，试图去打动塞西尔，结果会怎么样呢？

4.能聚天下之财

日本伟大的推销大师原一平，出身于长野县的乡村，从商业专科学校毕业之后，只身闯荡东京。初到东京，他从报纸上看到明治保险公司的招聘广告，于是，跑去应聘。由于原一平身高只有145厘米，体重只有52公斤，看上去又瘦又小，负责招聘的高木金次只是瞥了他一眼，就说："推销保险的工作不是那么好做的，你不能胜任！"高木金次轻蔑的一瞥，反倒激发了原一平不服输的斗志。他几乎是用质问的语气问："请问在贵公司需要完成多少业绩？""每人每月一万元。"原一平斩钉截铁地说："没问题！我也能完成每月一万元的销售任务。"但是前七个月，原一平一分钱的保险也没推销出去，以至于房东把他的行李扔到街上，他自己不得不在公园的凳子上过夜。即便处于这样的境地，原一平也没有灰心、没有放弃。

有一天，原一平遇见一位老和尚，老和尚对他说："推销保险之前，先要推销自己。"如梦方醒的原一平获得巨大的精神动力，之后不断地提升自己、战胜自己，到第九个月的时候，完成16.8万元的销售任务。他的业绩超过高木金次的要求，突出的业绩也为他赢得明治公司的礼遇，他也把公司的每一次提拔和重用当成是自己不断进取、不断超越的动力，终于，原一平成为20世纪日本最伟大的推销员。

在原一平的推销生涯中，成功把保险推销给三菱集团的每一位员工具有极其重大的意义。三菱集团是日本举足轻重的大公司，旗下包括汽车业、银行业，当然还有原一平供职的明治保险。有一天，原一平好不容易获准面见三菱集团的董事长串田，可是，见面之后，原一平刚一表明来意，串田就说："你别拿保险这玩意儿来占用我的时间！"原一平没有退缩，而是大声对串田说："您真糊涂！公司一直教育我们，保险业是神圣的！可您刚才说它是'玩意儿'！我马上回去，告诉公司所有人您刚才说的话。"

原一平知道冒犯董事长的后果会很严重，他甚至做好辞职的打算。然而，他刚回到公司，就接到串田打来的道歉电话。事后，串田很快召开董事会，将三菱集团所有员工的退休金纳入明治公司的保险统筹安排。

1962年，被日本政府授予“四等旭日小绶勋章”。连当时的总理大臣福田赳夫也慨叹道：“身为总理大臣的我，只得过五等旭日小绶勋章。”

1964年，美国国际协会为表彰他在推销业做出的成就，颁给他全球推销员最高荣誉——“学院奖”。

原一平，1904年生于日本长野县，27岁进入明治保险公司，之后连续15年成为全国销售业绩第一的“推销之神”。

原一平的成功之道

原一平的成功之道

- 第一步：初出茅庐受挫，但面对高木金次的怀疑，敢于大胆许诺。
- 第二步：受高人点化，认识到“推销自己”的重要性。
- 第三步：以“冒犯”公司董事长的特殊方式，获得事业的飞跃发展。

→ 只要充满自信，就能不断战胜自己、超越自己

原一平的心血结晶

- 推销成功的同时，要使该客户成为你的朋友。
- 空洞的言论只会显示出说话者的浅薄。
- 只要你说的话有益于别人，你将到处受欢迎。
- 成功者不但怀抱希望，而且拥有明确的目标。
- 忘掉失败，不过要牢记从失败中得到的教训。

5.能交天下之友

管仲年轻的时候家里很穷，又要奉养母亲。好友鲍叔牙就找管仲一起投资做生意。做生意的时候，因为管仲没有钱，所以本钱几乎都是鲍叔牙拿出来的。赚了钱以后，管仲却拿得比鲍叔牙还多，鲍叔牙的仆人看了就说："这个管仲真奇怪，本钱拿得比我们主人少，分钱的时候却拿得比我们主人还多！"鲍叔牙说："不可以这么说！管仲家里穷又要奉养母亲，多拿一点儿没有关系。"

有一次，管仲和鲍叔牙一起去打仗，每次进攻的时候，管仲都躲在最后面，大家说管仲是一个贪生怕死的人。鲍叔牙马上替管仲说话："你们误会管仲了，他不是怕死，他是害怕没人照顾老母亲呀！"

后来，齐国发生内乱，鲍叔牙辅佐公子小白到了莒国，管仲辅佐公子纠到了鲁国。不久，齐王被杀，公子小白和纠都想做齐国国王，为了让纠当上国王，管仲领人在道路上暗算小白，可惜把箭射偏了，没射死小白。小白在鲍叔牙的帮助下当上齐国国王，也就是齐桓公。

齐桓公为了报答鲍叔牙，准备封他做宰相，鲍叔牙却说：

后来，管仲侍奉齐襄公的儿子公子纠，鲍叔牙侍奉公子纠的弟弟公子小白。齐国内乱时，管仲随公子纠出奔鲁，鲍叔牙随公子小白出奔莒。

小白返国继承君位后，公子纠被杀，管仲被囚车运送回国。鲍叔牙推荐管仲当上宰相，被时人誉为“管鲍之交”、“鲍子遗风”。

鲍叔牙，公元前723—前644年，春秋时期齐国大夫，管仲的好朋友，以知人善交著称。

管仲在齐国曾实施许多改革，使齐国更加强大。管仲的言论见于《国语·齐语》，另有《管子》一书传世。

管仲少时丧父，和母亲的生活贫苦，为维持生计，与鲍叔牙合伙经商后从军。后得好友鲍叔牙帮助，出任齐国宰相，被称为“春秋第一相”。

管仲，公元前723—前645年，春秋时期齐国著名的政治家、军事家。辅佐齐桓公成为春秋时期的第一霸主。

管仲与鲍叔牙之交

一般人	管仲	鲍叔牙
认为管仲贪财	两人合伙经商，他投资少，却分得多	认为管仲是为了孝敬母亲
认为管仲贪生怕死	从军打仗，他总是躲在后面	认为管仲是牵挂母亲
认为管仲不知廉耻	当初追随纠的人都自杀了，只有他苟且偷生	认为管仲是耻于没有建功立业

“管仲各方面的能力都比我强，应该请他来当宰相才对！”齐桓公说：“管仲要杀我，是我的仇人，你居然叫我请他当宰相！”鲍叔牙说：“此一时、彼一时，他那时辅佐纠，自然要全力帮助纠。日后他辅佐大王，同样会倾尽全力！”齐桓公说：“很多人说，纠死后，原来追随他的人都自杀了，唯独管仲苟且活着，说明他是一个不知廉耻的人。这样的人怎么能出任宰相呢？”鲍叔牙说：“管仲没死，不是不知廉耻，而是耻于没有建功立业、报效国家呀！”

齐桓公认为鲍叔牙的话很有道理，就任用管仲做宰相。管仲也不负所望，竭力辅佐齐桓公，使齐桓公成为春秋时期的第一个霸主。管仲后来说：“生我的是父母，理解我的人是鲍叔牙。”后来，“鲍管之交”成为传诵千古的佳话。

6.能否极泰来

说话是一门艺术，深谙这门艺术的人，无论处于什么样的环境，无论谋求什么样的理想目标，都能左右逢源、否极泰来。

1644年，清皇太极驾崩。由于之前没有选定皇位继承人，一场激烈的皇位竞争由此展开。当时，最有力的竞争者是皇太极的长子肃亲王豪格和皇太极十四弟睿亲王多尔衮。两大集团互不相让，眼看着就要上演一场最高权力之争的腥风血雨。

在此复杂的局面之下，竟冒出一个年仅31岁的女人，不仅轻易化解了一场政治劫难，自己也从中得到了实惠。这个女人就是皇太极的庄妃，顺治皇帝的母亲——孝庄皇太后。

顺治皇帝名叫福临，虽然也是皇太极的亲生儿子，但是当年仅有6岁，无论名望还是权势，都无法和豪格、多尔衮竞争。但是，庄妃另辟蹊径，首先找到代善，让他帮忙。代善是努尔哈赤的长子、皇太极的长兄，按照古代传长不传幼的惯例，努尔哈赤死的时候，继承皇位的就该是他，而不是皇太极。因为代善的大度和大局观，皇太极得以顺利继承皇位，不仅赢得皇太极的敬重，更赢得满朝上下的尊崇。

庄妃率先找到代善，对他说："豪格和多尔衮各不相让，势必引发大清皇室的内乱，无论谁胜谁败，最终受损的，都是大清政权！"代善对形势看得也很明白，也不想看到这样的局面，就问："有什么好办法吗？"庄妃说："办法不是没有，但首先需要您全力支援！"代善说："只要有利于大清政权，我一定会鼎力支持。"庄妃于是提出由福临继位，平抑豪格和多尔衮的冲突。代善觉得有理，答应了她的要求。

庄妃再找到多尔衮，说："你的才能和威望毋庸置疑，一统天下的宏愿也是众所周知。和豪格争斗，让大清内耗，显然不是你所愿见。我和代善已经商量好了，由福临出面主政，所有的军在后金的一步步成功中，她逐渐卷入一场又一场政治斗争的旋涡，并展示出她卓越的政治才华，逐步确立稳固的地位，并成为清初政坛上的一个举足轻重的人物。

孝庄皇太后，清代太宗皇太极妃，谥号孝庄，姓博尔济吉特氏，蒙古科尔沁部贝勒寨桑之女，顺治皇帝的亲生母亲。以其卓越的政治才华，达成自己的计划。

孝庄太后的成功路线

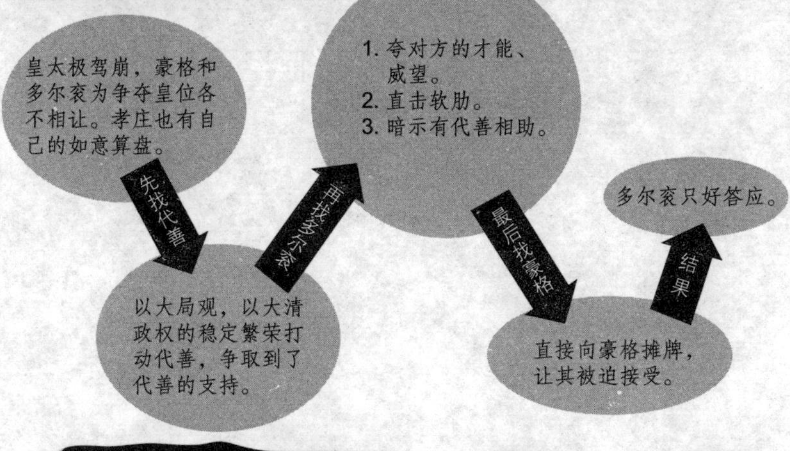

国大事都由你一人做主。你觉得怎样？”多尔衮想了想，说:“只要不是豪格继位，我就没意见。”最后，她又找豪格，对豪格说：“多尔衮的威望和实力，大家都知道，你和他争，肯定会吃亏。现在大家都觉得由福临继位比较合适，你觉得呢？”豪格知道自己未必能赢多尔衮，于是说：“只要不是多尔衮继位，我就没意见。”至此，孝庄皇太后的计划圆满完成。

第二章

有『准备』，能守能攻奔成功

yikaikou
jiu rangren
xihuan ni

1.好口才不是与生俱来的

说话，看起来很简单，只要有一张嘴，只要发声器官功能正常，每个人都能够说话。但是，说话又是一门艺术，即便是针对同一件事，表述大致相同的意思，换了不同的人，结果就会大相径庭。

明朝的开国皇帝朱元璋，出身卑微众所周知，这在鼓吹“君权神授”的古代社会也是统治者所避讳的。朱元璋做了皇帝以后，有一天，一个从前的朋友跑来求见。见面之后，来人说：“我主万岁！当年微臣随驾扫荡芦州府，打破罐州城，跑了汤元帅，拿住豆将军，红孩儿当关，多亏菜将军。”朱元璋听了很高兴，把他留在身边重用。

朱元璋的另一位当年的玩伴听说此事，也来求见。见面之后，此人对朱元璋说：“我主万岁！还记得吗？从前，我们都替别人放牛。有一天，我们在芦花荡里，把偷来的豆子放在瓦罐子里煮着，还没等煮熟，大家就抢着吃，把罐子都打破了，撒了一地的豆子，汤都泼到泥地里了。你只顾得从地下满把地抓豆子吃，却不小心连红草叶子也送进嘴里去了，叶子梗在喉咙里，还是我出的主意，

磨刀不误砍柴工

做好充分的准备

好口才不是与生俱来的，遵循一定的科学方法，通过自己的不断努力，可以练就好口才。

首先要有充分的准备

- 内
  - 强烈的愿望
  - 坚定的信心
  - 饱满的热情
  - 端正的态度
  - 不屈的毅力
- 外
  - 丰富学识
  - 了解对方
  - 学习他人
  - 设计预案
  - 不断总结

叫你用青草叶子放在手上拍拍吞下去，才把红草叶子吞下肚子里去。”朱元璋听后，拂袖而去。随即，此人被杀。

其实，两个人都是朱元璋落魄时的伙伴，所说的又都是同一件事，结果，一个人被重用，得享荣华富贵；另一人却为此丢掉性命。为什么呢？关键在于说话。掌握了说话艺术的人，就是我们通常说的口才好的人。每一个人呱呱坠地时发出的第一声啼哭几乎都是一样的，没有高明与低劣之分，也就是说，好口才不是与生俱来的。

大凡在各个领域取得巨大成功的人，都具有口才出众的特质。反过来说，任何一个人想要成功，都需要从练好口才做起。好口才既然不是与生俱来的，只要自己有强烈的愿望和自信，只要遵循一定的规律和方法，就能使自己字字珠玑、舌灿莲花。

练好口才，提高自己的说话能力，进而熟练掌握和运用说话这门艺术，有些准备工作是必不可少的。正所谓磨刀不误砍柴工。本章此后各节将从内、外两个方面对相关内容作详细介绍。

2.理想的动力

掌握说话的艺术，把话说得得体，不能算是人生的理想，但却是实现人生理想不能绕开的必经之路。

想要把话说好，想要掌握说话这门艺术，首先要正确认识掌握这门艺术的价值与意义。只有彻底明白把话说好对自己有着非常重要的意义，才能在行动过程中始终保持激情，才能在困难和挫折面前，始终保持坚定不移的方向，才能在辛勤付出之后收获成功的喜悦。

把话说好对我们每一个人有着怎样重大的意义呢？

人是社会性的群体动物，其生存、发展离不开自己所属的特定群体，其价值意义也需要通过特定的群体来实现。既然不能特立独行于所属的群体，就必须与群体中的其他成员交流和合作，就必须借助其他成员的帮助和支持。

掌握说话的艺术，说话得体，能够更容易树立自己良好的形象，展示自己独特的魅力，赢得别人的认同和尊重。

掌握说话的艺术，说话得体，能够更准确地表达自己的思想、观念和诉求，能够有效缩短自己和别人的距离，使自己的言语和行为更具效力。

掌握说话的艺术，说话得体，能够引起交流对象之间的心灵共鸣，为自己的工作和生活营造一个良好的氛围，为自己争取到更多的帮助和支持。

总之，每个人都需要与外界沟通和交流，都需要得到别人的支援和帮助，唯其如此，生活才会愉悦，事业才会成功。说话是否得体，决定了自己与外界的交流是否畅通，决定了自己是否能够得到别人的帮助和支持。归根究底，会不会说话，在很大程度

一错再错

有一个人邀请甲、乙、丙、丁四位同事吃饭，希望和他们处好关系。到了约定时间，甲、乙、丙三人都到了，唯有丁没到。
这个人说："该来的没来。"
甲听了之后，认为这个人的意思是"不该来的来了"。自己是不该来的，借故起身离去。
这个人又说："不该走的走了。"
乙心想："我是该走的吗？"乙也走了。
这个人说："我又没有说他。"
丙听了，生气地说："那你一定是说我了？"

说话的意义

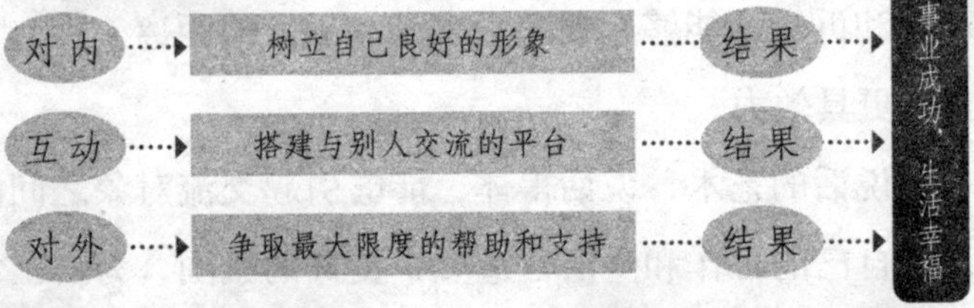
对内
树立自己良好的形象
结果
互动
搭建与别人交流的平台
结果
对外
争取最大限度的帮助和支持
结果
事业成功、生活幸福

AMY：小敏，今天我下班后有事，这个文件请你帮忙处理一下吧？
小敏：OK啦！谁让你这个大美女嘴巴那么甜呢！
AMY：那就谢谢啦！明天带面包给你。

上决定着一个人的人际关系，决定着一个人一生的成就！

认识到掌握说话这门艺术的重要意义，把它和自己远大的人生目标和理想联系起来，就能使自己获得巨大的内驱力，获取成功就是触手可及的事。

3.坚定的信心

一个既盲且聋的女孩，通过自身努力，不仅掌握英、法、德等五国语言，还写了《假如给我三天光明》《我的生活》《我的老师》等广为传颂的优秀作品，最终被评为美国十大英雄偶像，荣获“总统自由勋章”。这个人就是海伦·凯勒。她曾经说过：“信心是命运的主宰。”

信心，对于每一个人都很重要。对于绝大多数普通人来说，大家的基本条件都差不多，没有谁比谁更聪明、更优越，但最终每个人的成就不同，关键在于你对自己是否有信心！

每个人都会说话，但不是每个人都能够把话说好。决定一个人能否把话说好的关键，在于是否对自己有信心，相信自己能够把话说好。

对于绝大多数人来说，面对陌生的人、陌生的环境，说话、做事，都难免有胆怯的心理。这个时候，要是没有自信，就很难

自信与不自信

充满自信 ⟷ 缺乏自信

说话 → 吐词清晰 神态优雅 心想事成

说话 → 含糊不清 神态猥琐 事与愿违

毛遂自荐

秦国举大军准备进攻赵国，赵国形势危急，赵相平原君欲出使楚国求救。

毛遂自荐随平原君前往楚国。毛遂很有自信地说：“您用我，就会知道我的才能！”于是平原君带他一同前往楚国。

到了楚国，楚王不愿帮助赵国。毛遂挺身而出说：“合纵才能抗秦，否则迟早会被秦国各个击破。”一番不卑不亢、掷地有声的话，终让楚王答应帮助赵国。

毛遂帮助平原君建成大功，回国后，平原君把毛遂奉为上宾。

把话说得得体、把事情做得圆满。尤其是说话，需要面对面地交流，毫无回旋的余地。只要心存胆怯，就会开口之后忘记自己真正想要说的是什么，就会含混模糊、词不达意，既不能清楚、准确地传递自己的思想和诉求，还有可能给对方留下不良的印象。

反过来，只要你有充分的自信，说话的时候就能吐词清晰、不疾不徐、优雅从容，不仅把自己的思想和诉求准确无误地传达给对方，还能以自己的良好形象和个人魅力感染和打动对方。

小泽征尔是世界著名的交响乐指挥家，年轻的时候，在一次世界大赛中，他按照评委会给的乐谱指挥演奏，敏锐地发现不和谐的音律。他的第一反应是乐队演奏出错，于是停下来重新演奏，结果还是一样。他肯定是评审会提供的乐谱有问题。可是，在场的作曲家和评审会的权威人士说，乐谱绝对没有问题，是小泽征尔错了。面对一大批音乐大师和权威人士，他思考再三，最后无比自信地说："不！一定是乐谱错了！"不料，他的话音刚落，评审席上的评审们立即站起来，对他报以热烈的掌声，祝贺他大赛夺冠!

4.饱满的热情

印度伟大的诗人、文学家泰戈尔说过："激情，是鼓满船帆的风。风有时会把船帆吹断；但没有风，帆船就不能航行。"

每一个人，无论做任何事情，都需要一定的动力。对于每一个极需掌握说话这门艺术的人来说，有了远大的理想，有了坚定的信念，就可以从中获得行动的原动力，帮助自己向既定的目标前进。但是，任何一件有意义的事情，都不能轻易完成，如果缺乏恒久的动力，浅尝即止，终究不会成功。想要顺利完成一件事情，我们需要饱满的热情，甚至是洋溢的激情。

譬如一个男子爱上了一个年轻貌美、品位高雅的女子，想要和她喜结连理，共度美好人生，这原本是一件无比幸福的事情，但假如自己是一个缺乏热情的人，不能把自己对对方的爱慕转化为具体有效的行动，就不可能达成心愿。爱上对方，首先应该向对方表白。但是仅表白还不够，因为爱情是崇高的、神圣的，不能等同于市场上卖几斤青菜、萝卜，要是那样轻易得来的，也就不能算作是爱情。你的表白，即使方式足够浪漫、绅士，对方也未必马上就能接受，你还得进一步地努力。

你爱上对方，但对方对你还不甚了解，当然不可能轻易接受你的爱。倘若你是真正爱对方，就应该对她充满热情，并一点一点地把自己的热情和真爱呈现在她的面前。当对方对你有了充分了解，心里认可你的才华、人品之后，出于女人固有的矜持，也许还会和你保持一定的距离。你不应该因为对方的若即若离而削减自己的热情，而是要更加努力。只有这样，才能精诚所至、金石为开。

说话每个人都会，想要把话说好，就需要掌握说话的艺术。

理想、信念和热情

想要掌握说话的艺术

- 远大的理想 → 原动力
- 坚定的信念 → 正确方向
- 饱满的热情 → 加油站

→ 不断努力尝试，不断总结进步 → 熟练掌握说话的艺术，说话得体，心想事成。

热情的售票员

有位先生走到售票窗口，对售票员说：“我要两张到洛杉矶的优惠机票，有吗？”

售票员热情地说：“当然有。请问你是印第安人吗？”
这位先生说：“这有什么关系吗？”
售票员小姐说：“如果是的话，我们可以优惠30%。”

这位先生遗憾地说：“不是。”
售票员仍旧热情地问：“没关系。如果你们结婚20年以上还没离婚，可以享受20%的优惠。”

这位先生说：“这不适合我们。”
售票员的热情不减，说：“请不要灰心。请问你和你的太太还在上学吗？要是其中一位还在上学，可以优惠45%。”

这位先生很感激地说：“谢谢你的热情介绍！你还是给我两张全价票吧！”

每个人都难免有言语不适当、语无伦次、欲辩忘言的时候，这些都没关系。重要的是，始终保持向上的热情，不断地总结经验和教训，从点滴中累积，每天进步一点点，由量变转化为质变。

5.丰富的学识

说话，是通过语言的形式，传达自己的思想、情感，从而达到与人交流、沟通的目的。想要自己说出的话言之有物，首先得让自己的脑子里有独到的观念认知，使自己的内心饱含丰富的真情实感。倘若自己不学无术，脑子里没有对具体事物的真知灼见，只是凭借自己的嘴快，在那里滔滔不绝、口若悬河，最终的结果只会是贻笑大方。所以，想要自己说出的话中肯、动听，首要的一点就是不断提高自己的学识修养，不断丰富自己的知识。

在当今知识爆炸的时代，学习已经是一个很广泛的概念了，不只是坐在课堂上的孩子要刻苦学习，即使走上了社会，也要继续学习、不断学习。不仅要学习书本上的知识，还要多渠道、多层次地学习。既要立足于自己的特点和长处，在自己擅长的领域精益求精，还要密切关注新生事物，关注社会焦点，把握时代的潮流和方向。

谦受益，满招损。学习过程中，最忌讳的就是骄傲自满、目

知识越丰富的人，越是发现自己无知

爱因斯坦，1879年—1955年，德裔美国物理学家，思想家及哲学家，1879年生于德国，1900年加入瑞士国籍，后迁居美国。相对论——“质能关系”的提出者，“决定论量子力学诠释”的捍卫者（振动的粒子）——不掷骰子的上帝。1999年被美国《时代周刊》评为“世纪伟人”。

爱因斯坦说：“一个人掌握的知识就像一个圆点，圆点越大，掌握的知识越多，越容易发现自己的无知。”

爱因斯坦告诉你成功的秘诀

有一次，一个美国记者问爱因斯坦关于他成功的秘诀。

A=X+Y+Z!

他回答：“早在1901年，我还是22岁的青年时，已经发现成功的公式。我可以把这公式的秘密告诉你，那就是A=X+Y+Z！A是成功，X是努力工作，Y是懂得休息，Z是少说废话！这公式对我有用，我想对许多人也一样有用。”

会说话 → 就是 → 言之有物 句句中肯 → 需要 → 提高学识修养，开拓知识视野

- 专业知识
  - 向前辈、专家学
  - 向有经验的人学
- 非专业知识
  - 多渠道、多形式
  - 谦受益、满招损

中无人。对同一件事，每个人都可能有自己独到的见解，不能因为别人的观点与自己相左，就觉得别人的观点是错的，更不能在说话的过程中流露出鄙夷的态度和神情。

要不断提高自己的学识修养，开阔自己的视野，并保持平和的心态。在自己的专业领域，要尊重资历比自己高的前辈和专家权威，但又不迷信前辈和专家权威。要虚心求教，也要认真考证，去伪存真、去粗取精。

学习的途径和方法不一而足，关键在于自己要有急切感和紧迫感。要把工作、生活和学习紧密结合起来。要事事用心，处处留意。要随时把提高学识修养、丰富知识，同掌握说话这门艺术紧密联系起来，同提高生活品质、实现人生价值紧密联系起来。

6.真挚的情感

会说话，说出的话能够打动人心、引起对方的共鸣，靠的不是侃侃而谈，是真情实感。前面说的言之有物、句句中肯，是要晓之以理，这里的打动人心、引起共鸣，靠的是动之以情。

以真挚的情感打动人心，让人感觉你的每一句话都是发自肺腑，靠的是说话者对说话对象由衷的关爱之情。

我们面对的说话对象有着极大的不确定性：年龄、性别、身

宰相夫人不是人

大清乾隆朝王翰林为母亲做寿，满朝文武大臣都来祝寿，纪晓岚也是受邀的客人之一。大家都知道纪晓岚擅长写诗赋，于是王翰林就请他即席作个祝寿词助兴。

纪晓岚也不推辞，当着满堂宾客脱口而出：“这个婆娘不是人。”老夫人一听脸色大变，王翰林十分尴尬。

纪晓岚不慌不忙念出第二句：“九天仙女下凡尘。”顿时全场称赞，老夫人也转怒为喜。

纪晓岚接着高声吟出第三句：“生个儿子去做贼。”满场宾客变成哑巴，欢悦变成难堪。

纪晓岚喊出第四句：“偷得仙桃献母亲。”大家立刻欢呼起来。

动之以情

会说话 → 关爱他人 动之以情 → 爱心培养 → 博大胸怀，积极的人生态度 → 动真情 忌矫情

份地位、脾气性格、学识修养等的差别，都是客观存在的，要求我们对每一个说话对象都满怀关爱之情，似乎有点勉为其难。有很多的说话对象与自己的交情不是很深，有的甚至是素昧平生，关爱之情从何而来呢？关键在于自己的爱心培养。

爱心源自于博大的胸怀和积极乐观的人生态度。只要一个人有容纳万物的博大胸怀，有积极向上的乐观态度，世界上的万事万物，在自己的眼里都是可爱的，世界上的每一个人，都是值得我们为之付出感情的。所以，培养爱心，首先从爱自己、爱生活开始，然后向外推延和扩展，爱自己的家人和朋友，进而爱身边的人和物，再上升为爱世间的万事万物。

需要注意的是，说话对象差别极大，关爱说话对象，绝对不是只挑好听的话来说，不是一味地讨好对方，不是卑躬屈膝说肉麻的话。要知道，人与人之间，无论身份、地位有多大的差别，人格上都是平等的，没有高下之别，所以也没有刻意委屈自己而去讨好别人的必要。有的时候，违背自己的内心，刻意讨好别人，极有可能被别人认为你矫情造作，怀疑你怀有不可告人的险恶用心。倘若因此使对方对你怀有戒备之心，岂不是画虎不成反类犬？

因此，说话动之以情，需要建立在晓之以理的基础之上；晓之以理是前提和基础，动之以情是有效的辅助手段和催化剂。即便出于特殊的需要，为了让对方高兴，也不可过于浅露和直接，而应委婉和把握分寸。

7.善于借鉴

见什么人说什么话是有道理的。会说话，说出的话让人觉得动听，需要在不同的时间、场合，针对不同的对象，说不同的内容。无论时间、场合，还是说话的对象，甚至自己说话需要达成的目标、愿望等，这么多的因素，看起来都各有不同，显得纷繁复杂，让人有难以驾驭、望而生畏之感。这就要求有志于掌握说话艺术的人，要善于学习借鉴。

政治家大多都是优秀的演讲大师，他们的讲话具有极大的煽动性和感染力，唯有如此，才能收到他们想要的一呼百应、领袖群伦的效果。学习、借鉴他们的成功经验，是有志于掌握说话艺术的人的不二选择。

二战时期的英国首相丘吉尔，就是一个会说话、能打动人心的政治家。当第二次世界大战中大不列颠孤立无援、毫无防御能力之时，他用他的决心、战斗到底的语调和幽默诙谐的调侃，激励人们去抵抗、去战斗、去获取胜利。瑞典文学院给他的评价是："丘吉尔成熟的演说，目的敏捷准确，内容壮观动人。丘吉尔在关键时刻滔滔不绝的演说，另有一番动人心魄的魔力。"其他如印度"圣雄"甘地、美国前总统肯尼迪、克林顿，都是以口

马克·吐温的故事

马克·吐温，1835年—1910年，原名萨缪尔·兰亨·克莱门，美国幽默大师、文学家，也是著名演说家。19世纪后期美国现实主义文学的杰出代表。

国会议员不是混蛋

有一次，马克·吐温在报纸上发表文章，写道："国会议员有一半是混蛋。"

此语一出，立即引来众多国会议员的强烈不满，纷纷要求马克·吐温道歉。

马克·吐温好像是迫于压力，只好在报纸上发表了一封道歉信："本人日前说有些国会议员是混蛋，细想觉得的确不妥，现郑重道歉！其实，正确的说法是：'国会议员有一半不是混蛋'。"

你也可以说假话

有一次，马克·吐温应邀赴宴，席间，他对一位傲慢的贵妇说："夫人，你太美丽了！"

不料那妇人却说："先生，可是遗憾得很，我不能用同样的话回答你。"头脑灵敏、言辞犀利的马克·吐温笑着回答："那没关系，你也可以像我一样说假话。"

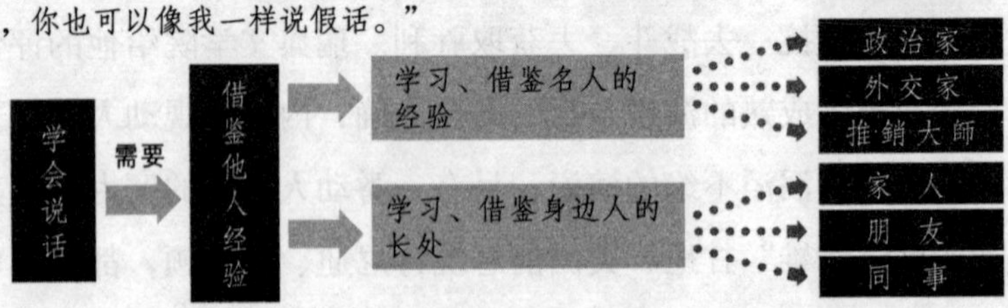

才著称的政治家。

需要强调的是，政治家的口才不是天生的，他们的说话技巧也都不是与生俱来的。中国古代的陈胜，不过是农夫出身，但在宣布大泽乡起义之时，他对大家说：“我们大家在这里遇上了大雨，已经不能按时到达渔阳，按照秦朝法律会被杀头。就算不被杀头，前去戍边的大多难以生还。壮士不死就算了，要死也要死得轰轰烈烈！王侯将相哪有什么一定的出身？！”虽然简短，但却切中要害，得到了天下人的回应。

除了政治家，外交家、推销大师都是以善于说话而著称的。学习、借鉴他们的成功经验，对每一个有志于说话艺术的人都会有莫大的帮助。

除了借鉴名人、伟人的经验，还应该学习身边人的长处。无论亲友还是同事，他们身上总有值得借鉴的地方，向他人学习，能使自己吸取营养、不断进步。

8.用心设计细节

按照说话的时间、场合、对象、作用，大致可以把说话分为两种不同的类型：其一是非正式场合的说话，其二是正式场合的说话。

非正式场合说话，只要能够把自己想要表达的意思传递给对方，让对方理解就行了，无需讲究太多的方法和技巧。正式场合讲话，因为关系重大，不容有丝毫的闪失，在可能的情况下，最好事先对相关细节做相关的设计。

事先设计，第一要紧的是讲话的内容。因为只有言之有物、言之有理才能打动听众，所以需要围绕讲话的主题，对讲话的内容进行整理。有条件的情况下，最好形成书面文字，便于及时发现问题并有效处理。实在不行，也要打个草稿，认真斟酌。只有这样，讲话之时才能主题鲜明、中心突出，从而保证听众明白和接受自己的思想、观念。

其次是讲话的方式和方法。要注意自己的衣着形象、自己的神态表情、语速的快慢、语气的轻重、内容的逻辑安排等。

另外，事先设计细节，应该对可能出现的突发状况作出预判。譬如针对自己的说话内容，不同的听众可能会有不同的理解和感受，从而提出一些独具特色的质疑和问题。真正做到有备无患，使一切都处于自己的掌控之中。

一切都设计妥当之后，视其情况，要是关系特别重大的讲话，最好事先按照设计的程式进行演练，并针对演练的效果进行修正和补充，直到自己满意为止。

对于众多刚进入职场的年轻人来说，在正式场合发表重要言论的机会其实并不多。正因为机会难得，更需要珍惜和把握；也因为自己年轻识浅、经验不足，更是需要事先做好充分的准备。

正式场合说话

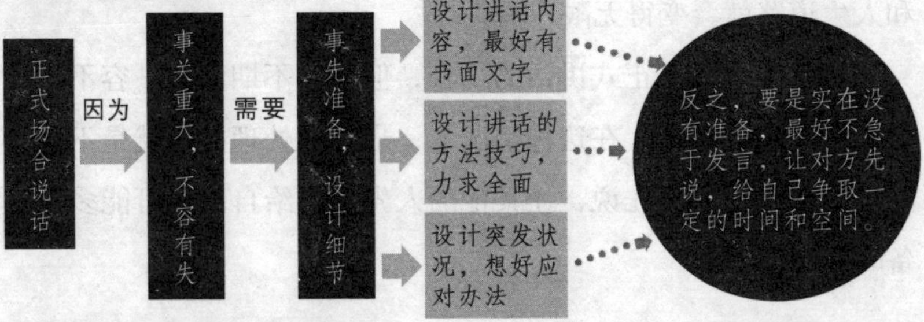

外交家的机智回答

有一位著名的外交家，长相非常普通，有一次出国谈判，对方开口说：“先生的才学实在令人佩服，只是您的长相，实在不敢恭维。”

外交家说：“我母亲可不这样认为！”

我很尴尬，你呢？

当马克·吐温还是一个不大知名的作家时，有人把他介绍给格兰特将军。两人见面握过手后，马克·吐温想不出一句可讲的话，而格兰特也保持平日的那种缄默态度。

最后还是马克·吐温结结巴巴地说了一句：“将军，我感到很尴尬，你呢？”

相信在一击得手之后，所有人都会对你刮目相看，你的事业前景和人生道路就会变得无限广阔。

生活中有太多正式讲话的场合，但却是不期而至，容不得一个人做过多的准备。在这种情况下，最好的处理办法就是不急于开口说话，让对方先说，让其他的人先说，给自己尽可能多的准备时间和空间。

9.不断总结，不断进步

任何人做任何事情，都不能存一蹴而就之想。浅尝辄止，遇到一点困难和挫折就退缩，纯属懦夫行为。

心里想到什么，就不假思索地说出来，也不顾自己所说的话会引发什么样的后果，这是不可取的。要把话说得中肯、动听，达到自己心里预期的效果，就需要掌握说话的艺术。每个人都不是天生的演说家，练习说话，也像做其他任何事情一样，都需要有一个循序渐进的过程。

学会说话，迈出第一步非常重要。缺乏演讲经验的人，就算自己的性格非常开朗活泼，尽管在自己熟悉的家人、朋友面前讲话可以口沫横飞，但只要遇见陌生人，或者面临正式的严肃场合，立刻就变得语无伦次、含糊不清了。对于这种情况，最要紧

林肯是这样练习演讲的

林肯出身低微，当过雇工、石匠、店员、舵手、伐木工人等，尽管生活环境艰辛，但他从来不放松口才的训练。

林肯，1809年—1865年，美国第十六任总统，他颁布《解放黑人奴隶宣言》，维护美联邦统一，为美国在19世纪跃居世界头号工业强国开辟了道路，使美国进入经济发展的黄金时代，被称为“伟大的解放者”。

他在17岁时，常徒步30多英里到镇上，听法院里律师慷慨陈词的辩护，听传教士高亢激昂的布道，听政界人士振振有词的演讲，然后自行模仿演练，口才得以不断进步。

1830年，他为了一次重要集会上的演讲，竟然面对光秃秃的树桩和成行的玉米，一遍又一遍地反复试讲，直到自己满意为止。林肯不仅是美国最受尊敬的总统，也是世界著名的演说家。

进步的阶梯

掌握说话的艺术

第一步

克服胆怯心理，大胆说出心里想说的话。

第二步

以失败为起点，检讨自己的缺点和不足，采取改进措施。

目标

使说话水准不断提高，日益精进。

的是克服胆怯心理，敢于大胆说出自己心里想要说的话。

由于缺乏经验，准备也不够充分，每一个人第一次在重要场合说话，都难免会犯这样的错误，有的时候甚至会出洋相，引得别人哄堂大笑。这都没关系，是正常的。对于想掌握说话这门艺术的有志者来说，第一次当众讲话的效果，远不如过程重要。

想要第一次“出人头地”就赢得满堂彩，几乎不可能，也完全没有必要。有的时候，表现越差，结果越坏，暴露出来的问题越多，越有利于自己归纳总结。倘若效果不错，让自己沾沾自喜，实际上就等于把自己很多固有的缺点和毛病都掩藏住了。不能及时发现自己的不足，就难以进步和提高；只有及时发现自己的缺点和不足，并采取补救和改进措施，一个人的说话水准才会不断提高、日益精进。

由于说话的时间、场合，面对的对象，都具有很大的不确定性，所以，即使迈出大胆表达的关键一步，甚至在积累相当的经验，感觉能够驾轻就熟之后，某一突发的状况，还是有可能毁掉自己的清誉。因此，我们应该始终保持谦虚谨慎的态度，养成每次重大场合讲话之后都认真总结的好习惯。

第三章

认『对象』，句句道进心坎里

yikaikou
jiu rangren
xihuan ni

1.不可对牛弹琴

说话的目的在于交流和沟通，是主体和客体之间的互动。说话的人是主体，传输自己的思想观念和内心诉求；听话的人是客体，接受主体的说话内容，并适时给予一定的回馈。会说话的人，首先要根据说话对象的实际情况，采用一定的技巧和方法，让自己的话打动对方的心，使自己的思想观念被对方接受或认可，从而达到自己的目标。否则，如果忽视了说话对象的具体实际，只是自己一厢情愿地滔滔不绝，就等于是对牛弹琴，不仅起不到任何作用，有时还会适得其反。

世界上的每一个人都是相对独立的个体，同样一句话，不同的人听了会有不同的感受和反应。因此，学会说话，就要认清说话对象，根据对方的不同特征，采取不同的说话方式。

首先是说话对象的身份、地位。人与人之间需要互相尊重，尊卑之序不能随意混淆。特别是对方为自己的部门主管、顶头上司时，更要小心谨慎。

其次是说话对象的性格和喜好。就算是同样的部门主管和顶头上司，性格和喜好也会截然不同，有的豪放粗犷、不拘小节，

喜欢哪一点？

一个男生喜欢一个女生，想要追求对方，并不断向该女生示好、献殷勤。男生问："你最喜欢我哪一点？"

女生明白男生的意图，但她根本不喜欢这个男生。女生说："其实，我最喜欢你离我'远一点'！"

认清说话对象

说话如不看对象，等于对牛弹琴，不会有任何效果 → 认清说话对象

- 其一 → 对方的身份地位
- 其二 → 对方的性格和喜好
- 其三 → 对方和自己的关系
- 其四 → 对方的情绪状态

→ 有的放矢，无往不胜

有的严谨认真、注重细节，有的平易近人，有的自恃身份……如果说话时不加区别，随性而为，绝对不会有好的结果。

再次是自己和说话对象之间的关系远近。就算是一个部门里的同事，会有性格脾气、志趣爱好的差异，或是一起工作时间长短的不同，自然有关系亲近和关系疏远之别。说话之时，对关系疏远的人不可交浅言深；对于关系亲近的人则应推心置腹。

最后是说话对象的情绪状态。正常情况下，每个人都会表现出相对稳定的性格特征和行为作风，而一旦受特殊事件的影响，就会一反常态。譬如自己的顶头上司，原本是一个性格开朗、为人随和的人，却因家里遇上麻烦，或者刚被自己的上司训斥之后，情绪自然不好。此时，就要求说话者善于捕捉相关信息，适时调整说话的策略。

2.怎样和上司说话

一旦进入职场，每个人都不可避免地会有自己的上司。虽然在人格上每个人都是平等的，工作在不同的职位，也只是分工的不同，但是自己和上司之间还是有所区别的。

上司是管理自己的人，要指导和监督自己工作，自己的工

怎样和上司说话？

首先 → 消除紧张的情绪和恐惧的心理，确保行为举止大方、思路清晰。

其次 → 表现出对上司的尊重，时刻不忘上司的培养和帮助。

再次 → 维护上司的威信，不可当众顶撞和驳斥上司。

最后 → 根据上司的性格、志趣、情绪状况等具体情况，再作调整。

认清说话对象

大伟刚到新公司工作，下班前老板问他："今天做得怎么样？"大伟说："今天的事情都做完了。"老板说："你明天不用来了。你不会先想明天的事吗？"

大伟找到另一家公司上班。下班前老板也问："今天做得怎么样？"大伟说："今天的事做完了，正在想明天该做什么事。"老板说："你明天不用来了。怎么能只考虑自己，却不知道帮其他同事的忙呢？"

大伟找到第三家公司，老板也问他同样的问题。大伟回答："今天的事情做完了，还帮同事做了不少事，正在思考明天该做哪项工作！"

老板说："你每天上班做这么多事情？我真担心有没有一件事是确实完成的。我们需要的是专业人才，你明天不用来了！"

主管：John，你看我们和万祥公司合作的前景怎么样？

John：这个合作案很好，不过目前好像合作条件还没谈妥！

主管：是啊，目前还有要调整之处。

作需要向上司负责。上司负责对自己的工作能力和工作成绩的考评，考评的结果，直接决定自己将来的升迁和发展。和上司建立好关系，得到上司的信任和认可，有助于自己的发展。否则，一旦和上司交恶，你的前程也就变得灰暗。

和上司说话，首先要消除紧张的情绪和害怕的心理。上司是人，自己也是人，没有高贵和卑下之别。只有克服了紧张和害怕，说起话来才能够思路清晰、举止大方，才能赢得上司的尊重。否则，如果只是因为紧张和害怕导致自己唯唯诺诺、口齿不清，很容易使上司对你的能力产生怀疑。一旦上司怀疑你的能力，再想得到上司的赏识和重用，就比较困难。

其次是要对上司尊重，即使自己在工作上取得相当不错的成绩，得到夸赞，也不要沾沾自喜，而应强调上司对自己的培养和帮助。上司对每一个下属的培养和帮助都是客观存在的，要是因为自己有了一点成绩就忘乎所以，就会给上司留下狂傲自大的印象，就等于否定了上司对自己的帮助和培养。如此一来，再想得到上司的青睐和帮助，简直就是痴人说梦。

最后要适时维护上司的威信。无论如何，都不能当众顶撞和驳斥上司，不能损伤上司的颜面。即使上司真的有错，也要以温和的语气委婉地提出来。

3.怎样和下属说话

作为一个上司，需要时刻谨记：下属是自己工作上足可信任、必须依靠的伙伴。没有下属辛勤努力地工作，你就不会有任何业绩，公司就不可能向前发展。

既然员工和下属是自己必须依靠和信任的对象，作为一个称职的上司或老板，就要给予他们足够的尊重和信任，就要想尽一切办法激发他们的工作热情。

和下属说话，需要注意哪些问题呢？

首先要尊重下属。上司是人，下属也是人，彼此在人格上是平等的。尊重下属，就要尊重下属的人格。对下属说话，态度一定要平易近人，语气一定要温和、亲切，即使下属在工作中出现错误，也切记不要侮辱他们的人格，更不可口不择言地责骂他们。尊重下属，尽量不要说责怪下属的话，即使他们在工作中出现错误，也要首先从自己的身上查找原因，要勇于承担责任。

其次要信任下属。下属是自己工作中的合作伙伴，每个人都有自己的角色地位，都是团队里不可或缺的一分子。要相信他们有足够的能力和责任心，相信他们能够完成自己的工作任务。信任下属，说话的时候，多用鼓励和期待的语气和词汇，少用埋怨

怎样和下属说话？

首先 → 尊重下属。态度平易近人，语气温和，不轻易责怪下属，勇于为下属承担责任。

其次 → 信任下属。肯定他们是不可或缺的一分子，相信他们能完成工作任务，多肯定，少质疑。

再次 → 激发下属的工作热情。交代任务一定要简洁、明确。肯定每个下属的重要性。

最后 → 帮助下属取得成就，并及时肯定和褒奖。还要及时指出错误和不足。

刘邦的故事

汉高祖刘邦打败项羽、夺取天下后，有一天，大宴功臣，并请大家分析自己打败项羽、夺取成功的原因。

很多人的回答不外乎夸赞刘邦如何英明神武，把功劳都归到刘邦名下。

刘邦并不贪功，认为自己夺取天下，萧何、张良、韩信的功劳最大。他说：

→ 运筹帷幄之中，决胜千里之外，我不如张良。

→ 镇守国家，安抚百姓，不断供给军粮，我不如萧何。

→ 率百万之众，战必胜，攻必取，我不如韩信。

副经理：小王，你是我们公司的金牌业务，今天的会议上你可要投我一票哦！

小王：只要你能说服我的主管，我当然听你的啊！

和质疑的语气和词汇，能够完全不用，那是最好。

再次是激发员工的工作热情。每个人都有追求成功、体现自我价值的心理需要。即便下属从事的工作是最普通、最平凡的，他们同样需要被认可，需要被尊重。因此，上司和下属说话，一定要强调每一个下属工作的重要性，激发他们内心深处的神圣感和使命感。

最后是帮助下属取得成就。身为上司要明白，作为一个团队的主管者，要有强烈的责任心，要彻底摒弃高高在上的优越感，要积极创造条件，帮助下属取得成就。交代工作任务时，一定要简洁、明确，不可模棱两可和含混不清；要随时关注下属的工作进展，发现问题，要及时指出来，帮助其及时改正；哪怕是下属取得小小的成绩，也要适时鼓励和褒奖，帮助他们取得更大的成就。

4.怎样和同事说话

同事的含义有两种，广义地讲，只要和自己在一个部门工作的人，都是自己的同事，既包括自己的上司，也包括自己的下属。狭义地讲，同事是和自己在一个部门工作，职位方面没有隶属关系的人，也就是部门里除了上司和下属，职位和自己平行、不交叉的人。针对上司，你的身份是下属；针对下属，你的身份是上司；针对同事，你的身份同样是同事。我们已经专门解说怎样和上司及下属说话，所以这里所说的同事，就是狭义的同事。

同事之间，虽然职位和身份并不交叉和隶属，但并非两者之间就毫无关系、各自为阵。

首先，你们既然身处同一个部门，就是同在一个屋檐下，总体目标相同，利益得失也是相互关联，正所谓一荣俱荣、一损俱损。

其次，只要是正常运转的部门和团体，每个人都像是一部机器上的某个零部件，都有自己特殊的价值作用，只是所处的位置不一样。整个机器要正常运转，每个零件都应处于良好状态，只要某个零件出了问题，整个机器就会陷入危险甚至是瘫痪状态。同样的道理，如果只是一个零件状态良好，其他的零件有了问题，机器不能正常运转，这个零件的价值也就无从体现。

同事之间应该相互尊重、支持，紧密配合，彼此帮助，共同进步。和同事建立关系，等于是赢得良好的人际网络，就能得到大家的鼎力支持和帮助。

现代社会，每个人的压力都很大，很多压力是直接来源于工作。在大多数人看来，工作的目的是赚取收入，提高生活品质。要是你不分时间和场合，总是把工作的内容挂在嘴上，容易让人生厌。也不要随便评价自己的上司和同事，尤其不要在背后说他人的坏话。

怎样和同事说话？

首先 → 温和、内敛。无论何种情况下，都要笑脸相迎，尊重对方个人和尊重对方的意见一样重要。

其次 → 少谈和工作有关的话题。不要随便批评自己的上司和同事，尤其不能在背后说别人坏话。

最后 → 凡事不要抢着出风头，不要在同事面前对上司献媚，也不要贬低别人而抬高自己。

May：丽丽，我今天在厕所居然听到Judy和另一个同事说我皮肤差，长得又胖！

丽丽：的确很过分！咦，你今天的耳环和你的衣服很搭哦！

May：真的吗？这家店的东西很不错，改天我们一起去逛逛吧！

同事关系

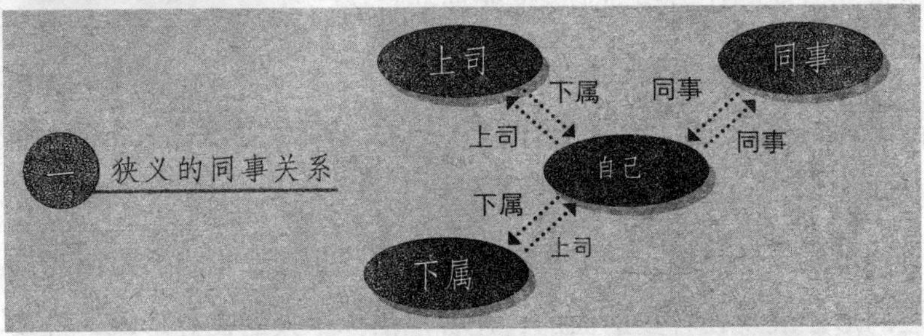

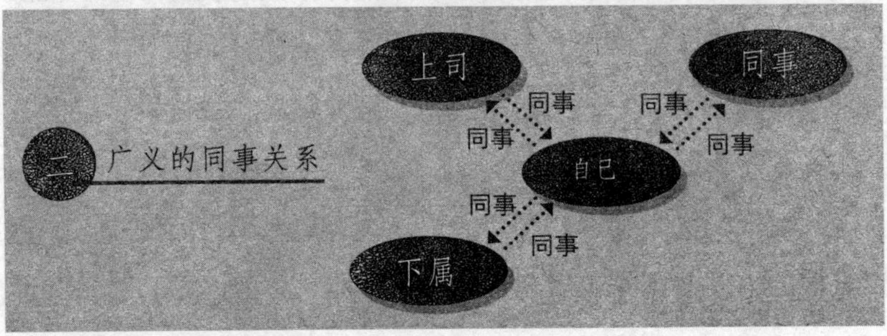

5.怎样和客户说话

客户首先是自己的工作对象，其次才是自己的说话对象。企业要赚钱，要生存发展，就需要有客户来购买自己的产品，就需要有客户来购买自己的服务。经营企业的终极目的，就是赚取最大利润，从这个意义上讲，客户就是上帝。

和客户说话，就是要用自己企业的产品或服务打动对方，用产品或服务满足客户的需求，让客户自愿购买你的产品或消费你提供的服务，从而达到为企业赚钱的目的。

和客户说话，要始终牢记“客户至上”的宗旨，一切围绕客户的需要而展开，尽一切努力让客户满意。具体来讲，以下几个方面必须注意：

首先，要热情主动。主动说话，笑脸相迎，把自己最阳光灿烂的形象展现在客户的面前，让客户由你个人的良好形象，推及企业的良好形象，再推及公司产品或服务的优良品质。说话过程中，要主动说明客户最关心的问题，解除其后顾之忧，不要等客户问到了才仓促回答。

其次，要赞赏和迎合客户的观点。客户提出自己的观点，肯定有他的道理，同是也表现他的需求和所关心的问题，赞赏和迎

怎样和客户说话?

怎样和客户说话

- **首先**：热情并且主动。树立自己和公司的良好形象。主动介绍客户关心的问题，解除其顾虑。
- **其次**：赞赏和迎合客户观点。搭建双方交流和沟通的桥梁，使对方不自觉地接受你的观点。
- **再次**：别对客户说“不”。即使双方意见有分歧，也不要驳斥；即使暂时不能满足客户需要，也要让对方保留希望。
- **最后**：即使交易和合作没有成功，也不能堵塞双方再度合作的通道。如最后合作告吹，也要送给对方最甜美的笑脸。

聆听顾客的心声

胡顿先生在百货公司买了一套衣服。不久，胡顿先生发现这套衣服会褪色。
胡顿先生生气地拿着衣服去找店员说：“衣服怎么一洗就褪色，品质真差！”
店员反驳道：“这怎么可能？这款衣服已经热卖几千套，从没有客户抱怨过品质！”

另一个店员说：“黑色衣服一开始都会褪色，况且这个价钱的衣服就是这个品质。”
胡顿先生听了，心中的怒火燃烧了起来，便和店员起了争执：“我从来没有见过像你们这样做生意的，我要打电话投诉你们！”

这时，在一旁巡视工作的经理目睹事情的整个过程，他走过来，用真诚的语气对胡顿先生说：“真不好意思！我们会承担所有责任。”

见经理态度诚恳，胡顿先生的气消了点，他说：“好吧！如果你们有办法能让衣服不再褪色，我就继续穿。”

“那我建议您再穿一个星期，如果还有问题，到时候会帮您换一套您满意的衣服。”
结果，这套衣服再也没有褪色，而胡顿先生对这家百货公司的不好印象也消失了。

合其观点，等于是在彼此之间架设起一座沟通的桥梁，使双方的交流再无阻碍。在此良好的氛围之下，客户也会不自觉地接受你的观点。

再次，永远不要对客户说“不”。即使客户的观点和自己的观点不符，甚至是互相对立，也不要立即驳斥对方，而应该以委婉的方式陈诉和坚持自己的观点，并让对方认可和接受。即使客户提出的某些要求自己暂时不能满足（请千万记住，只是暂时不能满足，不是永远不能满足），也不要对客户说“不”，而应说自己和公司会想尽一切办法满足客户的需要。至少让客户对你和公司保留希望，合作才能深入进行。

最后，即使交易和合作没有成功，也不能堵塞双方再度合作的通道。交易和合作不成功，不能说是自己的产品或服务不能满足客户的需要，也不能说客户对你提供的产品或服务没有兴趣。只能说是自己公司的产品或服务有待于改进和提高。即使是合作告吹，也要为双方的下一次交易和合作种下希望的种子。

6.怎样和家人说话

家人和自己有血缘之亲，彼此熟知、关系亲密，但是，家庭成员之间太过随心所欲，也会言语失当，也会使自己在原本和睦的家庭关系中处于尴尬的境地。而且在家里学会说话，到外面说话才能更得体，在家里的关系中如鱼得水，到了外面的世界才能游刃有余。

中国是传统的礼仪之邦，和家人相处，和家人说话，应该把传统的尊卑长幼之序，作为贯彻始终的前提和恪守不变的原则。

首先，父母（和长辈）在家庭中居上位，是自己必须礼敬的。虽然过去讲“天下无不是的父母”这句话，在今天看来未必完全正确，但父母生养我们，尊敬他们、孝顺他们，都是我们后辈的职分所在。和父母说话，应集中表现在一个“礼敬”上面，而且是发自肺腑，表现在言语之间。必须承认，由于时代的不同，自己和父母之间，对某些问题的观念和看法肯定会有所不同，对此，作为子女，即便明知自己的主张是对的，父母的主张错误，也没必要与其争辩。最好的办法是巧妙转移话题，或者表面上顺从父母的主张，待适当时机再说服父母。

其次，夫妻之间是彼此关系最为亲密的人，必须相互扶持。但是很多时候，我们常常会因为知己朋友而忘记对方，也有可能因为父母或子女而忽视对方。但夫妻双方，自从结合的那一天开始，就注定是你中有我、我中有你，难以割舍。即便从利益角度考虑，夫妻之间也是应该利益共同、进退相随。特别是在危难关头，更要相互依赖、相互扶持。夫妻之间说话，可以不拘于形式，但必须遵循一条原则：身为男人，给自己的女人最细心的呵护；身为女人，给自己的男人最体贴的关怀。

家庭关系和社会关系比照

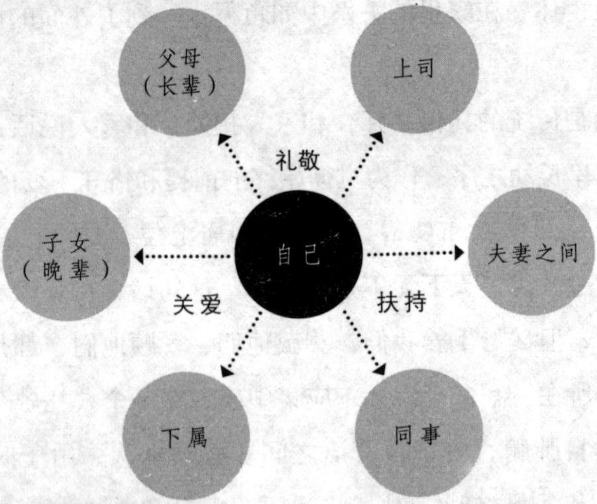

怎样和家人说话？

怎样和家人说话		
	父母长辈	必须礼敬。即使意见不同，也不要驳斥或顶撞父母。
	夫妻之间	必须相互扶持。男人给女人细心的呵护，女人给男人体贴的关爱。
	子女晚辈	满怀关爱之情。针对不同的性格特点，晓之以理，动之以情。不抛弃，不放弃。

再次，子女是自己生命的延续，是社会发展进步的希望所在。无论从家庭的角度还是社会的角度，父母都要对自己的子女满怀关爱之情。每个孩子都是在不断成长的，不同时期的孩子，具有不同的性格特点，父母教育孩子，除了遵照孩子的特点之外，晓之以理、动之以情是可以贯彻始终的良好方法。即使孩子不断犯错、屡教不改，父母也要有足够的耐心和包容心，做到不抛弃、不放弃。

7.怎样和陌生人说话

交流和沟通，原本就是从两个相互陌生的人开始，学会和陌生人交流，知道怎么和陌生人说话，对一个人人际交往和说话能力的提高都会有极大的帮助。

万事开头难。因此，和陌生人说话，首先要克服自己的畏惧和害羞心理。“人之初，性本善”，每个人都有和别人交流的需求和愿望，只要你心里是这样想的，并据此而积极行动，畏惧和害羞的心理就会自觉地消失。

和陌生人说话，应尽力消除对方的戒备心理，拉近与对方的关系。自我保护是每个人与生俱来的本能，一旦有陌生人主动和自己说话，很多人都会以异样的目光打量对方，同时质疑此人的

怎样和陌生人说话？

必须要做到：

- 消除自我畏惧和害羞心理
- 正面相对，让对方看清自己
- 和对方的身体保持恰当的距离
- 身体放松，面带微笑
- 语气轻柔、语速舒缓、言词清晰
- 伴以适当的肢体语言和手势
- 避重就轻，从无关痛痒的话题开始
- 无论结果如何，给对方留下好印象

不要忽略微笑

白格是一位职业棒球手，退役后，他选择做保险。保险行业的竞争非常激烈，经过多年的打拼，白格成为一个成功的保险商，在业界很有名气。

许多人都向白格请教成功的方法，白格说：“其实我没有什么诀窍，不过我做到了容易被人忽略的事情，那就是保持微笑。无论对方说什么，我从来都不会板着脸。渐渐地，我的客户越来越多。”

白格不仅对每一个陌生的客户微笑，也对家人、公司的员工和同事微笑。微笑为他的事业铺平道路，也为他的人生带来幸福。

动机。和陌生人说话之前，最好和对方正面相对，以便对方看清你的整个身体，确信你没有伤害对方的意图。

为了有效缩短彼此的心理距离（身体需要和对方保持恰当的距离），身体一定要放松，面部一定要带着微笑。开口说话之时，语气一定要轻柔，语速不能过快，言词一定要清晰，使对方在最短的时间内明白你要表达的意思。为了达到这个目的，最好在说话的同时伴以适当的肢体语言或手势。

想让一个陌生人迅速在心里真正完全接纳另一个不熟悉的人，比较困难。

和陌生人说话，一开始就谈实质性的问题，往往徒劳无功。比较好的办法是避重就轻，先谈一些无关痛痒的轻松话题，融洽彼此之间的气氛，消除对方的戒备甚至敌视态度。等对方在心里认可和接纳你之后，再谈核心话题，收效会好很多。

8.怎样和傲慢无礼的人说话

为人处世，需要保持谦虚谨慎、戒骄戒躁的优良作风，保持温和有礼、朴实宽厚的高贵品格，这样才能使自己赢得更多人的尊重和爱戴。当你遇到一个傲慢无礼的人时，你越是谦虚有礼，对方的傲慢无礼会变得越加厉害。在此情况下，双方在彼此心目中的地位完全失衡，即使你费尽心力，也很难和对方很好地交流和沟通。

美国反映南北战争的浪漫主义小说《飘》的问世，引起社会的极大反响，为此，相关的权威机构召开了关于这部伟大作品的研讨会，应邀出席这个研讨会的都是当时在世界文坛有一定影响的作家和评论家。研讨会开始前，有一位男作家遇见玛格丽特·米切尔，两人便交谈起来。男作家问米切尔写过多少作品，米切尔说："不好意思，只有一部。"听说对方居然只写过一部作品，男作家的眼里明显流露出不屑的神情，随即大谈自己写了很多作品，傲慢之情溢于言表。在一番高谈阔论之后，这位男作家随口问道："请问你写的作品叫什么呢？"玛格丽特·米切尔说："《飘》。"那位男作家立即羞愧地低下头。

这位男作家也许不是那种眼高于顶、傲慢无礼的人，但是这个故事同样告诉我们，和傲慢无礼的人说话，"以己之长，攻彼之短"不失为一种行之有效的好办法。男作家作品很多，这是他的长处和赖以骄傲的资本，但是他作品的影响力和知名度都不如米切尔的《飘》。米切尔的回答也许不是有意让他难堪，但能使其由傲慢无礼变得肃然起敬，显然是一个令人称快的结局。

现实生活中，傲慢无礼的人并非全都是自我膨胀的无能之辈，大多都有引以为傲的资本。但人无完人，尤其是傲慢无礼的人，绝对有他们的短处和不足。只要你能敏锐地捕捉到对方的弱点，以己之长、攻彼之短，对方的傲气就会瞬间化解。

怎样和傲慢无礼的人说话？

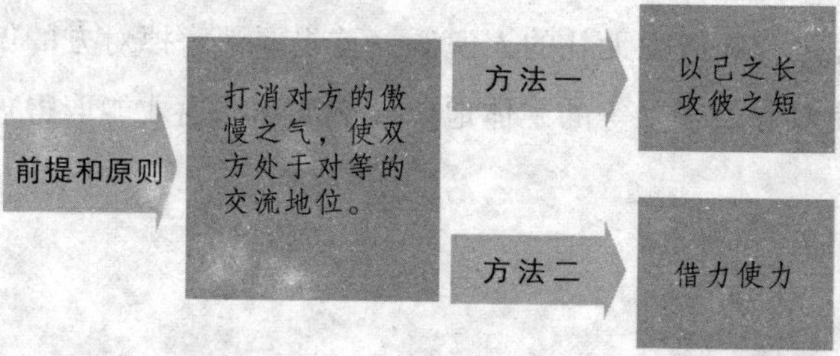

歌德的巧妙应对

歌德，18世纪中叶到19世纪初，德国和欧洲最重要的剧作家、诗人、思想家。歌德除了诗歌、戏剧、小说之外，在文艺理论、哲学、历史学、造型设计等方面，都取得卓越的成就。其代表作包括《浮士德》、《普罗米修斯》、《少年维特的烦恼》、《哀格蒙特》、《在陶里斯的伊菲格尼亚》。

歌德是德国伟大的诗人，魏玛时期，歌德身居高位，有一位傲慢的贵族对此极为不满，常常想要给歌德难堪。一天，两人在湖边小路相遇，道路很窄，只能容纳一个人通过。

这位贵族说："我从来不给卑鄙无耻的小人让路。"说完，矗立在道路中央。
歌德说："我刚好和你相反。"说完，立即让到路边上。

和傲慢无礼的人说话，还有一种行之有效的策略，就是“借力使力”。利用对方因傲慢无礼而留下的漏洞，施以巧妙还击。

总之，和傲慢无礼的人说话，首先要消磨掉对方的傲气。只有使双方处于平等的主体地位，交流和沟通才能取得理想的效果。

9.怎样和性格急躁的人说话

性格急躁的人，最显著的心理特征，就是注意力很难长时间集中在一个人或一件事情上；最明显的行为特征，就是说话做事来去如风，绝不作过多的停顿和滞留。

性格急躁的人，更看重自己的行为及其行为的结果，他们宁肯多做事，也会少说话，即便非说不可，也是简单明了地交代几句了事。在他们看来，别人是否听清楚自己说话似乎并不重要，只要他们自己觉得已经说清楚就行了。如此看来，想要性格急躁的人耐着性子听自己说话，似乎是一件很困难的事情。

通常情况下，性格急躁的人，注意力难以长时间地集中，容易分散和转移，但是，只要你给予的刺激物有足够的吸引力，就能彻底改变局面，确保性格急躁的人精神专注。所以，和性格急躁的人说话，事先要有足够充分的准备。要认真分析对方的性

怎样和性格急躁的人说话？

第一：事先做充分准备，力求观点新颖、方法独特，给对方足够的刺激。

第二：把理想目标分解，分阶段执行和完成。

→ 常规手段，可以反复使用。

第三：“以柔克刚”，持之以恒地进行。

第四：“以急制急”，表现得比对方还要急，以激动的情绪激发对方的兴趣。

→ 非常规手段，需要选择使用。

不要着急表明你的来意

范勃是电气公司的职员，但他发现一个奇怪的现象，宾夕法尼亚州的农户不怎么喜欢用电。他的同事也告诉他：“这些农户非常精明，根本不愿意用电。”

于是，范勃决定亲自上门调查。他敲开了农户的门，一个老太太伸头看了看，发现范勃穿着电气公司的制服，立即“呼”的一声把门关上。
范勃再次敲开了门，然后对老太太说：“您好！我不是来向您推销，我是来买鸡蛋的。”

听了这句话，急躁的老人变得温和，她和范勃聊起了如何养鸡。范勃说：“我看您的养鸡技术一定非常高超。”

她对范勃说了很多养鸡的经验，然后说：“我发现几个邻居的鸡棚里都装上电灯，听说在电灯的照耀下，产蛋量更多，但我担心成本过高，你能帮我计算一下吗？”
范勃认真地帮老太太算了一笔账，得出的结果是，电灯可以让老太太赚得更多。

格特征和爱好倾向，精心组织自己要说的语言，巧妙设计自己的说话方式和内容，力求迅速吸引对方的注意力，并让对方欲罢不能。

和他们说话时，最好把自己的理想目标进行合理地分解，按阶段去执行和实现。一旦发现对方的注意力已经分散和转移，再多说纯属徒劳，最好适时打住，再约下次见面和商谈的时间、地点。

和性格急躁的人说话，在特殊情况下，也可以采取“以柔克刚”的策略。比如，当保险推销员找到一个潜在的大客户，但对方是一个性格急躁的人，这种情况下，一次或几次拜访都未必能够成功，放弃却又可惜。可行的办法，就是在不影响双方正常工作和生活的情况下，只要有机会、只要有时间，就出现在对方面前，就向对方推荐自己的产品。想必在持之以恒后，总会迎来成功的时刻。

和性格急躁的人说话，在有充分把握的准备后，也可以采取“以急制急”的策略。比如你的计划或建议对对方真的很重要，对方也能充分认识到这点，但是由于事务繁多、性格急躁，不能好好地听你的解说。这个时候，假如你表现得比他还要急，说不定就能打动对方，让其有耐心听你解说。

10.怎样和情绪低落的人说话

“人有悲欢离合，月有阴晴圆缺”，每一个人，无论情感还是事业，都不可能没有起伏和波折。在事业稳步上升、家人幸福安康、夫妻恩爱有加的时候，每个人的内心都会被幸福和愉悦包围。此时，人们看什么都觉得特别顺眼，做什么都觉得特别有劲，吃什么都觉得特别美味，整个人的情绪处于高度亢奋的状态。相同的道理，当一个人事业受挫、家人生病、夫妻闹别扭时，就会看什么都不顺眼，做什么都提不起精神，吃什么都觉得没胃口，情绪极度低落，成天摆出一张苦瓜脸。

突然的打击，会严重影响一个人的情绪。情绪低落的人，在待人接物、说话做事方面，都会大大异于往常。甚至会一反常态，变得和往常判若两人。情绪调整，说起来是每个人自己的事情，但一个人情绪低落的时候，也是内心感觉特别孤独的时候，特别需要来自外界的温暖和帮助。倘若你此时伸出援手，即便不能给予太多的援助，只要你做了，哪怕是几句安慰和鼓励的话，也会让对方铭记于心。

比如你公司里的上司，因为工作上的小失误，被公司老板借题发挥，狠狠修理一顿，甚至还说了一些难听的话，这位上司的

怎样和情绪低落的人说话？

第一 → 弄清事情的真相，知道造成对方情绪低落的真正原因。

第二 → 根据之前的经验，给予对方最需要也是自己能够给予的安慰以及帮助。

第三 → 根据对方的脾气和性格特点等，采取合适的、对方乐于接受的方式。

原则和禁忌

态度一定要诚恳，言语一定要得当，千万不能使对方产生幸灾乐祸、落井下石的误会。

不能这样安慰人

阿德情绪低落地对好朋友阿明说：“我老婆得了绝症，医生告诉我，她只能再活半年。”

阿明安慰阿德说：“你们要坚强，半年很快就会过去。”

心里肯定不会好受。尤其是工作上的失误，责任并非全在他一个人时，他的情绪状态更是可想而知。此时，作为同事和下属，要是一副事不关己、高高挂起的漠然态度，显然是不合时宜的。无论之前你们的个人交情如何，都要给予对方适当的安慰和鼓励。当然，尽管只是在口头说几句安慰和鼓励的话，也需要讲究方法和技巧。总而言之，态度要诚恳，语言要恰当，千万不能让对方产生你在幸灾乐祸、落井下石的误会。

除了上司，身边的人随时都可能出现情绪变化，都需要我们适时给予安慰和鼓励。因为每个人的特点不同，身处的环境不同，造成情绪低落的原因也不尽相同。给予他们安慰和鼓励，首先，要弄清事情的真相，知道对方情绪低落的原因；其次，要从双方的实际情况出发，给予对方最需要的也是自己力所能及的安慰和帮助；最后，要分析对方的脾气和性格特点，采取合适的、对方乐于接受的方式安慰和帮助对方。

11.怎样和竞争对手说话

竞争无处不在，竞争对手的性质和特点也各不相同。有的竞争对手和自己的目标完全对立，比如两个人竞选总统，必然会有一人胜出，必然会有一人落选；再如两个人竞争部门主管，最终只能有一个人能够如愿，另一个人只能以失败告终；还有商业活动中的竞标，参与竞标的竞争对手，或许不止两个，但最终夺标的只能有一个。类似的情况，竞争对手之间，没有妥协和回旋的余地。

有的竞争对手之间，虽然目标完全对立，但尚有调和和周旋的余地。比如两个商业品牌争夺市场配额，虽然最终会有一个成为赢家，但另一个也不至于全军覆没；再如谈判桌上，双方都为自己争取最大利益，一旦谈判达成协定，双方都会获益；一旦谈判不成，双方都会受损。

竞争对手，有的是显性的，有的则是隐性的。显性的竞争对手，从一开始就是处于针锋相对的态势，比如两大政党之间的候选人，只要其候选人的资格被确认，两个人就会一直竞争下去。隐性的竞争对手，是在特定情境下诞生的，也会随着特定情境的消失而改变两人之间的关系。比如同一个部门里的两个同事，原来可能是关系亲密的朋友，在公司或部门要在其中提拔一人做部门主管之后，两人就自然而然地成为了竞争对手。当竞争有了结果之后，两人就不再是对手。

无论是面对具体的竞争对手，还是面对代表利益集团的竞争对手，我们在说话沟通的过程中都应该注意下面问题：

首先要重视竞争对手。在正面交锋之前，对竞争对手的具体情况作全面深入的了解和分析。明确自己和竞争对手之间的强弱、优劣对比，唯有如此，才能扬长避短，使自己立于不败

怎样和对手说话?

原则一 → 知己知彼。知道自己的目标是什么、对手的目标是什么、自己应该采取什么手段实现目标、对手可能会采取什么手段来实现目标。

原则二 → 区别对待。对对手的性格和特征进行深入细致的分析，再根据准确的分析判断，采取有效的方式和技巧。

原则三 → “双赢”。有效避免两败俱伤。

应对竞争对手的手段

首先 → 重视竞争对手。先要对竞争对手作全面的认识和分析，明确了解双方的强弱、优劣对比，从而扬长避短。

其次 → 尊重竞争对手。使双方在公平的对决中释放自己的全部能量，体会棋逢对手的人生乐趣。

最后 → 灵活机动。随着现实环境的不断变化，随时调整自己的策略。

之地。

其次要尊重竞争对手。对于一个真正的强者来说，棋逢对手是人生的一大乐事。而战胜强大的竞争对手，更是超越自我的必经之路。尊重竞争对手，使双方在公平的对决中释放自己的全部能量，最终的收获将不仅是胜负。

最后要灵活机动。要根据现实环境的变化随时调整自己策略，使自己能够从容应对瞬息万变的竞争态势。

12.怎样和谈判对手说话

竞争无处不在，对手无处不在，谈判也是无所不在。这就是当今社会的显著特征之一。说到谈判，人们很容易联想到大国之间的利益谈判，联想到大公司之间的商业谈判。其实每一个人，在与别人说话的时候，只要有方向和观念的分歧，只要牵涉到具体利益的归宿，就是谈判。从这个意义上来讲，家人或商店中的店员，都是自己的谈判对手。

和谈判对手说话，最重要的是要弄清楚谈判的性质。比如在家里，晚餐是吃鸡还是吃鱼，虽然夫妻之间会有不同的主张，但终究容易达成共识，即便自己妥协，也不会有多大的损失。又如到菜市场买菜，尽管会为了几块钱和卖菜的小贩讨价

怎样和谈判对手说话？

谈判之前
- 了解谈判性质，明确自己的职责是争取主体利益的最大化。
- 深入分析和研究对手，最大限度掌握相关资讯，制定策略。

谈判桌上
- 立场坚定，态度坚决，给对手施加一定压力。
- 尊重对手，态度诚恳，给对手一定的回旋余地。
- 有韧性和耐心。在坚持原则不变的情况下，有计划、有步骤地妥协和让步。

→ 能够实现主体利益最大化的同时，达到双赢的目的。

一句话也没说的谈判

一家很大的汽车公司，准备订购汽车座椅的坐垫布，这是一笔大买卖，很多坐垫布厂商都希望能拿下这单生意。经过一番竞争，最后公司决定让其中三家厂商各派一名代表来商谈。

吉勃是代表之一，然而到了约定商谈的那一天，他偏偏患了严重的喉炎，完全无法开口说话，这可把吉勃急坏了。

吉勃怀着焦急的心情来到汽车公司，他和公司的总经理、工程师、采购经理和推销主任都见了面。然而他想说出的话根本没人听懂，情急之下，吉勃只得用笔在纸上写下了一句话："先生们，非常抱歉，我的嗓子哑了，不能说话。"

这时，总经理说："好吧，那我替你说说看。"吉勃感到非常诧异，但也只能无奈地点了点头。

接着，总经理把坐垫布的样品展开，然后口若悬河地说了起来："这些坐垫布做工都不错！要知道我比较其他两家厂商的产品，最后发现还是这个能令我满意。你们觉得呢？"

在场的人开始讨论，最后决定订购吉勃公司的坐垫，价值160万美元。最神奇的是，在商谈过程中，吉勃竟然连一句话都没有说。

还价，但其分歧和对立的程度都非常轻微，达成一致的可能性极大。这两种情况，因为涉及的谈判标的较小，达到谈判目的的手段也很简单。本节讨论的重点，是在正式的谈判桌上，谈判标的较大，需要使用复杂谈判技巧才能达到目的的谈判。大多着重商业谈判。

在明确谈判性质之后，接着要明白，是自己代表的谈判主体的利益。无论自己的社会身份是老板还是员工，在谈判桌上，你所代表的就不再是个人，而是公司和企业。你所要做的，就不仅是展示自己的个性和才能，而是要在可能的情况下，争取主体利益的最大化。

谈判对手同样代表着特定的谈判主体利益，也会为了实现利益最大化而全力以赴。因为自己主体利益和对手的主体利益相对、相反，为了顺利达成愿望，还需要对对手进行深入的分析和研究，尽可能多地掌握相关信息，以便制定有针对性的谈判策略。

到了谈判桌上，和谈判对手说话，首先，要立场坚定，态度坚决，给对手适当的压力；其次，要尊重对手，态度诚恳，给对手回旋的余地；再次，要有韧性和耐心，坚持方向不变的前提下商量具体的细节。因为谈判的最高境界是实现双赢，适当地、有计划、有步骤地妥协和让步，也是不容忽视的技巧。

第四章

看『场合』，随时随地不失言

yikaikou
jiu rangren
xihuan ni

1.怎样区分说话的场合

简单地讲，说话的场合，就是说话时自己所处的环境，这也是我们与人谈话时需要注意的要素。

说话的目的，在和别人沟通交流，是说话者与听众之间的双边互动。只要你说的话具有一定内涵，需要听者清楚明白，甚至需要听者做出一定回应时，就必须考虑环境因素。譬如“你吃了吗”，是过去见面打招呼最常用的问候语，绝大多数情况下说这句话都没什么问题。但是，假如你和对方在厕所里面相遇，也用这句话和人打招呼，显然不妥。

每一次说话时的环境都是特定的，都会和你以前或之后说话时所处的环境不同。说话者需要根据特定的说话环境，选择恰当的说话方式和技巧。

说话时所处的环境，也就是说话的场合，是由多种因素综合构成，主要包括时间、地点、人物、主题等几个方面。这几个方面既有相对独立的特性，又相互紧密联系和作用，从而构成特定完整的说话场合。

一天可以划分为24小时，还可以划分为早、中、晚等不同的

说话的场合

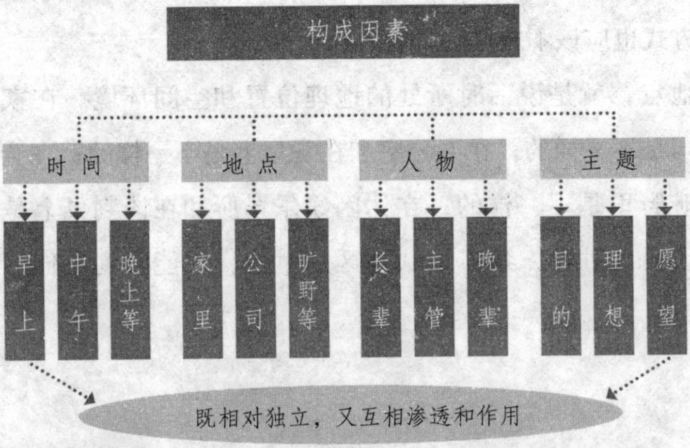

作家的口才

通常情况下，作家都是擅长写作而不善言语，但也有不少作家不仅文采出众，口才还一流，不管在什么场合，他们都能谈吐自如，极善言辞。

金庸巧做比喻

多年前，一位记者采访金庸先生。记者问道：“听说您曾将报业看作自己的儿女，但您现在将这部分产业卖了，岂不是将自己的儿女卖掉了吗？”

在这样的公开场合，怎样巧妙化解这个两难的问题，直接关系到外界对自己的评价，金庸先生如果仅仅用“是”或“不是”来回答都是不妥的。

而金庸先生从容地回答说：“不是卖儿女，而是女儿出嫁了，女儿出嫁是没有办法的事。”

黄永玉强势出击

画家黄永玉永远--副笑呵呵的样儿，顽皮的天真写在脸上。

这天，黄永玉坐在躺椅上，记者问他：“回顾这么多年，您觉得最得意的事情是什么？”
黄永玉双眼一瞪，说：“我有什么好得意的？！”

记者问：“您是素食主义者吗？”
黄永玉答：“因为菜比较便宜。”
记者：“你的文学成就一流。”
黄永玉答：“我是抄别人不注意的书。”

时段。不同的时段，每个人的心情可能会不一样，说话的对象、地点可能不一样，说话的主题也会不一样，因此，与其说话的技巧和方式也应该不一样。

地点，就是说话时所处的地理位置和空间环境。在家里和在公司是不一样的；在办公室和在餐桌上是不一样的；在会议室和在旷野里是不一样的；在休闲娱乐场所和在谈判桌上是不一样的。凡此种种，都应该认真区别对待，才能收到最佳的说话效果。

2.当太阳升起的时候

正如俗语说的那样："一年之计在于春，一日之计在于晨。"当新的一天开始，作为一个热爱生活、追求成功的人来说，无论自己处于什么境况，无论前一天发生过什么事情，都会以饱满的激情、昂扬的斗志、美好的憧憬去拥抱初升的太阳。

当你怀着这样的心情开始一天的新生活时，应该想到，其他人的心态和你也是相差不多。因此，早上和人说话，最重要的是不要破坏对方的良好心情。

早上出门，无论和家人告别，还是到公司和同事见面打招呼，都应该面带微笑，以良好的精神面貌感染人。话语不宜多，以相互激励为目的；即使一句话也不说，一个肯定的眼神、一个彼此默契的动作，都能起到很好的作用。

早上的时间，对每一个人都很珍贵；早上的良好情绪和状态，对所有人都很重要。如果在早上和人接触交流，无论是自己的至亲，还是关系极好的朋友，抑或公司的同事，以及合作的厂商，甚至是素不相识的人，请千万不要触了别人的“霉头”。要说就说别人听了感觉舒服的话，说别人听了会振奋精神的话。否则，一旦破坏了别人的心境和情绪，别人一天情绪不好，你也不会开心。

如果自己是公司老板或部门主管，早上开会，会议时间要尽量简短一些，讲话的内容应该精要、简明，语气要有鼓舞性，对前面大家工作中存在的问题和不足，能够不提的尽可能不提，如果非说不可，最好不要针对某个人，不要破坏每一个人的良好情绪。

如果自己是一位推销员，前去拜访客户的时候，衣着一定要大方得体，要满怀信心，把自己的情绪调整到最佳状态，用自己良好的形象感染客户，把自己良好的状态传递给客户。只要客户对你有信心，就会对你推销的产品和服务有信心，成功的可能性就会很大。要是客户拒绝，并非他对你和你推销的产品和服务完全没兴趣，可能是对方的事情太多，忙不过来。此时，请不要过多纠缠，最好礼貌告辞，约好下次见面和商谈的时间。

早上与人见面怎样说话？

首先 → 情绪饱满，面带微笑 → 其次 → 内容简明，具有鼓舞性 → 禁忌 → 破坏情绪，触别人霉头

起床

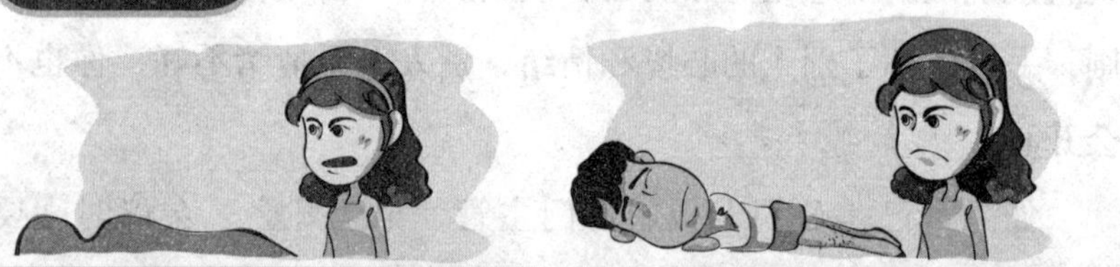

星期天早上，妻子对老公说：“懒虫！快起床了，你看太阳都起床了。”

老公说：“太阳每天六点就睡觉了，我昨晚十点才睡呢！”

清晨巧妙与人打招呼

小王是一家公司的业务员，很懂得与人相处之道。

小宝，你现在长大了，上幼儿园可不能哭哦！

Hi，David，好像又长高了哦！

当然，我天天打篮球，什么时候来场对抗赛吧！

李阿姨越来越有精神哦！

小王真是越来越会说话了！

3.办公室闲谈怎么说

一间办公室，少则三五人，多则十多个人，每个人都成天像机器一样为了工作而运转，凡事一板一眼不开口说话，这几乎是不可能的。无论是某一个人有新鲜话题率先发起，还是大家闲来无事寻找话题，办公室里的闲谈都是不可避免的。

同一个办公室的同事，虽然彼此都不陌生，但交情的深浅差别还是存在；虽然同间办公室里的同事都是效力于同一个主体，但职位有差别、入职年限有先后、具体的利益分配也有差异。虽然同一个办公室的同事，在工作中需要相互支援和配合，需要为所属部门的业绩尽力，但是，遇到职位晋升、利益得失的时候，他们又是对手和竞争者。所以，介于同事之间如此错综复杂的关系，无论在正式会议上的讲话，还是闲来无事的聊天，说出的每一句话都应该注意。特别是刚入职不久的年轻人，更是要认真对待。

首先，不可以不说。既然大家都是同事，既然是非正式的闲谈，如果大家都在兴趣盎然地说话，唯独你一个人一声不吭，别人会认为你不合群、不会人际交往，认为你缺乏能力和自信，认为你自命清高，这样，你就不自觉地把自己置于大家的对立面。

办公室闲谈怎么说？

不可不说

- 不说话别人以为你缺乏自信
- 以为你自命清高看不起大家
- 以为你不合群

不可乱说

- 批评老板或顶头上司的话不能说
- 他人的坏话不能说
- 牵涉个人隐私的话不能说
- 伤人颜面和自尊的话不能说
- 贬低他人、抬高自己的话不能说
- 捕风捉影、自以为是的话不能说
- 应该拿到正式会议上说的话不能说
- 可说可不说的话尽量不说

办公室幽默

几个同事闲聊，聊到如今“花钱容易赚钱难”的话题。
一位同事颇感慨地说：“有时候真希望一块钱分成两半花。”

另一位同事很伤感、很认真地说：“没用的，我试过好多次了，就是分不开。”

Anan：丽娜，你换造型了哦！嗯~~很不错！

丽娜：是吗？这条项链还不错吧！

Anan：眼光真棒！下班后陪我逛街吧，我也想改变一下自己的造型！

丽娜：OK！下班一起走吧！

其次，不可以乱说。虽然是非正式场合的闲谈，但有些话题可能和工作或和部门里的某一个人有关；虽然你不会把大家说的每一句话都报告给老板或部门的其他上司，但不能保证其他的人一定不会把某些话报告给老板或其他的上司。因此，不能随便说的话，一定不能说。

哪些话不能随便乱说呢？批评老板或上司个人能力和是非对错的话不能说；不在场的人的坏话不能说；牵涉个人隐私的话不能说；伤人颜面和自尊的话不能说；贬低他人、抬高自己的话不能说；捕风捉影、自以为是的话不能说；应该拿到正式会议上说的话这时不能说；可说可不说的话尽量不说。

4.部门会议怎么说

不同场合，说话的内容和方式应该不一样，这就是说话的艺术。要知道在特定的场合里该怎样说话，就得清楚这个场合的具体含义。

部门会议，指的是公司里自己所属部门的会议。开会既然是正式场合，和平常的办公室闲聊不同，与下班后同事间的聚会或娱乐场合更加不同。虽然是开会，但与会人员全部是同一个部门的同事，平常大家彼此都很熟悉，没必要板着一副面孔。

如果是主管，作为连结部门和员工的桥梁和纽带，既要对部门负责，也要为员工负责。对部门负责，就是贯彻执行部门高层的决策，坚持部门高层制定的原则和方向；对员工负责，就是为员工的实际利益着想，为他们的前途和未来着想。

在自己主持的部门会议上，主管首先要尊重员工、爱护员工。从自己的衣着、神情，到说话的语气，都应该温和、平易，把自己和员工融在一起，切不可有高高在上、颐指气使的倾向。分配任务的时候，既要申明任务的重要性，更要相信大家有能力圆满完成任务。总结工作的时候，要多肯定大家的成绩，少指责大家的缺点和不足，更不可在众人面前让某一个员工难堪。即便是一定要点出工作中的缺点和不足，也要先作自我批评。如果员工对自己提出要求，能满足的尽量满足，不能满足的也不能一口回绝。最好说自己不能做主，要向更上一级的主管请示汇报后才能决定。即便是明知无果的事情，员工最后也不会责怪你了。

如果是员工，说话应该谨慎。首先，考虑清楚再说。在没有完全考虑清楚之前，最好认真听主管和其他同事说话，从他们的话语之中捕捉更多的意见和信息，以使自己的观点和主张更完整。其次，说自己该说的话，不能抢了主管的风头，不能过于表现自己，不能指责别人，不能华而不实地大放厥词。最后，说话的态度和语气要诚恳，和绝大多数人保持一致的立场，争取得到大家一致的认可。

如果是新进员工，说话要更加注意。

部门会议怎么说？

- 部门主管
  - 尊重员工、爱护员工
  - 分配任务时赞赏大家能力
  - 总结工作时肯定大家成绩
  - 尽量满足大家提出的要求
- 普通员工
  - 考虑清楚了再说
  - 说自己该说的话
- 新进员工
  - 多听
  - 少说

给对方一个台阶

25岁的张超才刚到公司一年就已经成为部门主管，每到各部门主管开会的时候，他都位列其中。其他部门的主管都比他年纪大，且有的比他大很多岁，在一屋子的中老年人中，越发显得他朝气蓬勃、英气逼人。

开会时，张超总是先认真听领导和其他同事的意见，然后再简明扼要地发表自己的观点。即使和其他主管的意见有冲突，他也总是先肯定其他主管观点中值得肯定的部分，给对方一个台阶，然后婉转地说出自己的想法。因为张超有能力且态度谦虚，所以其他的主管虽然比他年纪大，却并不会因他年纪小而看轻他。

公司老总对张超也十分欣赏，对他的意见和建议很重视。

小博士 在部门会议上，大家常常会考虑到上下级关系和同事关系等，所以不愿意发表自己真实的想法，有异议也不愿提出。其实，如果你在反驳他人意见时，能给对方一个台阶，场面就不会显得难堪了！

5.汇报请示怎么说

在公司里工作，要妥善处理好和每个人的关系，特别是要妥善处理好和老板或顶头上司之间的关系。虽然同事和下属对你的看法和评价也很重要，但真正决定你在这个公司前途的人，主要还是你的老板或顶头上司。老板或顶头上司对你为人处世和工作能力的评价，直接决定着你是否能够得到升迁，也直接影响着你的薪资待遇。

想要得到老板或顶头上司的认可和肯定，汇报和请示就必不可少。而且必须讲究一定的方法和技巧。对老板或顶头上司交付的工作任务，要及时汇报进展情况。特别是较为复杂、难度较大的工作任务，更要及时汇报。

首先，无论是最终圆满完成任务，还是仅取得阶段性的成绩，都应该如实且客观地说出来，不能过分地渲染和夸大。无论你取得的成绩多么突出，无论你为取得这个成绩付出多大的艰辛努力，都不应该强调自己的功劳，而要强调是老板或顶头上司的管理有方。

其次，因为老板和顶头上司的事务繁多，能听取你汇报的时间有限，要在有限的时间里汇报清楚，语言就要言简意赅，要善

汇报请示怎么说？

汇报 —对象→ 老板或顶头上司 —事项→ 老板或顶头上司交付任务的完成进展情况 —技巧→

1. 要强调主管领导有方，不可自夸和邀功。
2. 言简意赅，口头汇报的同时准备书面资料。
3. 要针对老板或顶头上司的个人特点和喜好。

请示 —对象→ 老板或顶头上司 —事项→ 自己对完成交付任务的措施、办法和建议 —技巧→

1. 自己职责许可权内的小事，无需请示。
2. 重大事情必须请示。
3. 口头请示的同时，要准备更详尽的书面资料。

用腿签字？

某作家的文章早已发表，但是杂志社却迟迟没有付稿费。这天，他又来到杂志社领取稿费。

可是，接待他的出纳却说：“真是对不起，先生，我们社长住院了，这笔款项得向他请示并签字后才能领到钱。”

“稿费早就该付了，他怎么还没签字呢？”作家有些不耐烦地说。

“社长因为跌伤脚，正在住院休养呢！”

“那好吧！希望他的腿能早日康复，因为我想看看，他先前究竟是用哪条腿签字。”作家说。

于抓住主要的内容，不可漫无边际。这样既能让对方听得清楚明白，又能给对方留下精明、有能力的印象。

最后，汇报工作，要针对公司老板或顶头上司的个性特点和喜好进行。完成老板或顶头上司交付的任务要汇报，在完成任务的过程中，自己有了新的想法，要向自己的老板或顶头上司请示。等请示获得批准和许可之后，再付诸实施。

请示要有所选择。并不是你要做的每一件事情都必须向老板或顶头上司请示。只要在你职责许可权范围之内的事情，无需请示；一般的日常工作，自己完全有把握做的事情，也无需请示。否则，你事事请示，先不管老板或顶头上司有没有时间听你的请示，至少会让你在他们心目中留下缺乏主见、能力不足的印象。

6.饭桌上怎么说

吃饭固然不宜说话，但有的时候又不能不说话。因为重要一点的饭局，都有主客、主从之分，而且，对于坐在饭桌上的人而言，吃饱肚子并非唯一的目的，甚至出席饭局应酬的意义，远远超过吃饱饭的意义。在这样的情况下，要是大家都一言不发，只顾着喝酒夹菜、大快朵颐，就失去主人举办这场饭局的用意了。

饭桌上不宜多说，但又不能不说，至于应该怎么说，需要视具体的情况来定。

最重要的是明确自己在饭桌上的身份、地位。如果身为主人，就应该热情大方，尽显地主之谊。一般情况下，酒菜上桌，主人不发话，其他人就不好意思动筷子。此时，主人就应该首先致辞，态度越热情越好。开场白之后，主人应该根据自己请客的目的、意义，对客人特别照顾。要是客人不止一人，应该按客人的身份、地位依次予以照顾。需要注意的是，特别照顾并非一味地劝酒。即便劝酒，也要热情大方，让客人乐于接受。

因为是饭桌，并非特别严肃的场合，主人除了尽显热情大方之外，也需要给其他人留有一定自由发挥的空间。当然，假如意识到场面冷清，要及时活跃气氛。最后，在大家酒足饭饱之际，主人还需要作最后的总结性讲话，虽然讲话的内容都是司空见惯的套话，但还是必须要讲的。

如果是客人，就应该充分尊重主人，紧跟主人的步调安排，既不强夺主人对饭局的控制权，也要对主人的热情大方作出积极回应。

如果既不是主人，也不是主要的客人，而是陪客，则必须牢记：只能锦上添花，不可喧宾夺主。与其口不择言、贻笑大方，不如入境随俗，视情况发言。

另外，自来饭桌上就有“无酒不成局”的惯例，但酒终究只

饭桌上怎么说？

主人

1. 欢迎词热情洋溢。
2. 根据客人的身份地位，依次招呼。
3. 要适时活跃气氛。
4. 结束语同样热情不减。

主客

1. 充分尊重主人。
2. 紧跟主人步调。
3. 不强夺主人的控制权。
4. 给予主人积极的回应。

陪客

宁可锦上添花，不可喧宾夺主。宁可入境随俗，不可贻笑大方。

劝酒不能让人难堪，饮酒切忌过量

点 菜

几个年轻人去餐厅吃饭。无意中听到一桌顾客与女服务生的对话。顾客们点完菜，有一位先生想知道刚点了些什么菜，就对女服务说：“报一报！”

女服务听了他的话后，既没有说话，也没有动一下。这位先生有点不高兴了，说：“让你报一下，没听见吗？”

女服务生的脸红了，憋了半天，小声地问：“只抱女的可以吗？”

马克·吐温赴宴

一次，马克·吐温应一位富翁邀请赴宴，主人为了炫耀他的富有，每道菜上来时都要说出这道菜的价格。这时侍者端上来一盘葡萄，主人对来宾们说：“好大的葡萄呀，每颗值一美元呢！”客人们一会儿就将葡萄吃完了，这时马克·吐温站起来大声说：“味道真美，请再给我来六美元的吧，先生！”

是一个道具，交流沟通、增进感情才是目的，所以，无论主人、主客还是陪客，劝酒不能让人难堪，饮酒切忌过量。

7.朋友聚会怎么说

“朋友”是什么意思？什么样的人可以称为朋友？按照汉语最早的定义：“同门曰朋，同志曰友。”可以理解为：“在同一师门求学，并且志趣相同的人，才是朋友。”

按现代人的理解，就是彼此认识和熟悉，并有不错交情的人，就是朋友。至于彼此认识、了解有多深，交情有多深厚，并没有明确的界定。事实上也是如此，由于每个人都有自己不同的人生观和价值观，对朋友的要求和理解也就不同。有的人把彼此信任和理解、可以相互帮助和支持、能够至死不渝的人称为朋友，也有人把仅有一面之缘，甚至叫不上名字的人称为“朋友”。

不同的人有不同的交友标准，即使是同一个人，交有不止一个的朋友，但在这些所谓的朋友之中，肯定会有认识时间长短、彼此交情深浅等差别。因此，即使是朋友间的聚会，也要根据不同的实际情况，采取不同的说话方式。

在参与人员多、场面比较大的场合，言语应该谨慎。因为虽然都是朋友，但朋友和朋友之间的差别还是很大。仅从建立朋

几种不同的朋友类型

朋友类型	界定
知己	交情深笃，至死不负的朋友
诤友	坦诚相见，直言相规的朋友
挚友	志同道合的朋友
盟友	为特定目的结盟联合的朋友
损友	不为别人着想的朋友

朋友聚会

一群朋友聚会，一位男士向一位女士打招呼：“白骨精！好久不见。”
女的听了，面带不悦。

男的马上解释说：“叫你白骨精，说你是白领、骨干、精英。这是夸奖你，还这么不高兴！”
女的转怒为喜，夸对方说：“你真是个天才！”

男的说：“你为什么骂我？”
女的说：“我哪有骂你？我夸你是天才呢！”
男的说：“天才？不就是说我是天生的蠢才吗？”

怎样才能交到真心的朋友

1.诚恳、友善待人，用心、真诚地与人沟通。
2.听取别人的意见，并善于接纳对自己有益的建议，遇到非原则性的问题可以采取求大同、存小异的态度。
3.做一个善良的人，一定能收获一份纯洁的友谊。
4.做一个心胸宽广的人，主动与人交流。

友关系的途径来看，有的是从小一起长大，有的是从同学发展而来，有的是工作之中认识的，还有的是社交场合偶尔认识发展成为朋友。至于相互的理解和信任程度、学识修养、兴趣爱好、脾气性格等方面的差别，更是林林总总。这样的情况下，只要自己不是绝对的主角，说话最好见机行事，既冠冕堂皇，又不失风趣幽默；既娱乐大家，又无伤大雅。

在参与人员少的时候，则要根据自己和朋友之间交情的深浅，以及对方的个性、特点选取适当的说话方式和技巧。彼此交情越深，说话的个性化程度越高，随意性也越大。交情越深，说话越要真诚，切忌套交情和说假话。交情越深，言语越要率性，不可吞吞吐吐、闪烁其词。随着彼此关系的由深渐浅，就要逐渐约束自己，更加尊重对方。

除了场面大小、交情深浅，朋友聚会的主题，也是决定说话方式和技巧的重要因素。主题越是轻松，说话随意性就越高；反之，主题趋于严肃，就该谨慎小心，不能妄言。

8.求职面试怎么说

对每一个追求成功的人来说，首要的条件，是要有一个可供自己施展才华的空间和舞台。找到一份自己喜欢并且适合自己的工作，无疑是迈向成功的第一步。

在竞争日趋激烈的现代社会，要顺利找到一份自己喜欢并且适合自己的工作，有相当的难度。一方面，一个公司或机构想要有更大的发展，的确需要有优秀的人才加盟；另一方面，一个好工作，向往和竞争的人一定会很多，这在讲究资方市场的社会背景下，自己能否顺利竞聘成功，不仅取决于应聘者的个人能力，关键还在于招聘方对应聘者的认可和接纳。对每一个应聘者来说，初试投递履历和基本资料，只能简要地把自己介绍给对方。想要在基本条件类似的众多竞争者中脱颖而出，必须在面试阶段把自己的能力完全展示在招聘方的眼前，打动对方，获得青睐。

求职面试，首先，要有舍我其谁的自信心。公司或机构聘用人才的标准是：未必是最优秀的，但必须是最适合的。应聘者要对招聘的部门及职位有全面的了解，要对自己的长处有清楚的认识判断，然后将两者对接，确信自己是最适合的人选。有了这样的自信，面对招聘官的时候，就能自信满满，从而给对方留下深刻而良好的印象。

其次，语言要简洁明快，准确生动，个性十足。为了让面试官在最短的时间对你的能力作出肯定的判断，事先要有充分的准备，既要避免填鸭式的一问一答，又要避免不着边际的侃侃而谈。前者容易让人质疑你的能力，后者会给人华而不实的感觉。

再次，要随机应变。每一个招聘部门，都有自己的理念和宗旨，每一个招聘官都有自己评价体系和好恶标准。应聘者在面试

求职面试怎么说？

首先	舍我其谁的自信	在气势上立于不败之地
其次	语言简洁明快、准确生动、个性十足	第一时间给面试官留下深刻印象
再次	随机应变	让对方没有拒绝的理由
最后	扬长避短，避实就虚	展示自己最优秀的一面

面试中避免十二种“扣分伤害”

1.不善于打开话匣子
2.看问题比较片面或存在偏见
3.与面试官套交情
4.回答问题态度不够积极
5.缺乏专业知识
6.侃侃而谈，慷慨陈词，却不能举出实例
7.不善于主动提出问题
8.缺乏对自我的全面认识
9.对自己的未来发展规划模糊
10.落入面试官的问题陷阱
11.急于询问薪酬、福利待遇
12.谈话不着边际，不懂为面试画上圆满的句号

面试

时尚杂志招聘女美编。
面试官：“你有男朋友吗？”
甲：“没有。”
面试官：“你会主动追求喜欢的男生吗？”
甲：“我要先努力工作，暂不考虑个人问题。”
面试官：“对不起，我们不能用你。因为你公关能力欠佳，且缺乏自信。”

面试官：“你男朋友帅吗？”
乙：“不帅。”
面试官：“对不起，我们不能用你。因为你缺乏审美能力。别忘了你是应聘时尚杂志的美编。”

的时候，要善于捕捉相关资讯，然后随机应变，使对方很难有拒绝你的理由。

最后，要扬长避短，避实就虚。世界上没有十全十美的人和事，雇主也不是要任用完美无缺的人。所以，要在对方面前尽量展示自己最优秀的一面，至于客观存在的缺点和不足，避实就虚是最好的办法。

9.电话交谈怎么说

电话交谈作为一种特殊的交流沟通方式，有其自身的特点，在实际运用中，只有先认识和掌握这些特点，才能把它的作用完全发挥出来，从而实现自己的理想目标和美好愿望。

和寻常的说话交流比起来，电话交谈有两个显著的特点：首先，双方不能见面，一切可看到的表情、动作、肢体语言都无法传递给对方，所以，只能在可听到的声音和语言上下功夫。其次，电话交谈的时间和空间不确定，为了保证交流的有效和畅通，自己的语言必须要有足够的吸引力，保证对方能听自己把话说完。

为了确保电话交流的有效，打电话之前，第一，应该对接电话的对象，也就是自己的说话对象作一些了解。即使无法掌握全面的资讯，获得的信息量越大，对自己越有利。

电话交流怎么说？

掌握对方更多的信息	语言清晰、通俗易懂
打电话的时间要恰当	保证逻辑连贯
自我介绍要简洁明了	认真倾听、予以回应
语速要适度	姿态端正、保持微笑

打电话时需要注意的礼仪

1. 要及时接电话，不要怠慢，更不要在接通电话后说“稍等”，放下电话却半天不理人。如果确实忙，应该向对方表示歉意，并请对方过×分钟再打过来。
2. 主动自我介绍。
3. 认真听对方讲话，并适时插入一两句话。
4. 如果对方打错电话，宜口气和善地及时告知。
5. 在办公室里，不要大声讲电话。
6. 替人接电话时要询问清楚对方的基本资料。
7. 挂断电话前的礼仪不可忽略。

打错电话

阿伟午睡时，电话突然响起，他接起电话，问：“你好！请问你是哪位？”

对方：“老师！是我呀。”

男子：“哦，是你呀？”

对方：“老师，你好吗？”

男子：“好。”

对方：“师母好吗？”

男子：“好。”

对方：“咦，老师，你声音怎么变了？”

男子：“因为你打错了。”

第二，要把握好打电话的时间。最好在对方不是很忙，身边没人打扰时通话，确保对方有充裕的时间接听你的电话。

第三，自我介绍要简洁明了。只要介绍清楚自己的姓名、公司名称和对方交流的主要事项就可以了。

第四，语速要适度。不能过快，也不能太慢，最好和对方的说话速度相同。

第五，态度要热情大方，语言要清晰准确，通俗易懂。不可夹杂口头禅，少用或不用专业术语。

第六，要确保自己电话语言的逻辑连贯性，即使对方对你前面说的话兴趣不大，也不会贸然中断通话。

第七，要认真倾听对方说话，给予有效的回应。

第八，要让自己的音质自始至终保持在最佳状态，给人清新悦耳的美好享受。

第九，自己的身体姿态要端正、放松，脸上要始终带着微笑。虽然对方无法亲眼看到，但能够通过一些细节观察到，不可大意。

10.探视病人怎么说

人吃五谷杂粮，哪有不生病的道理？每一个人都希望自己永远健健康康的，但这仅仅是一个美好的愿望罢了。疾病会不期然地侵害我们的身体。生病住院之后，一个人的固有生活模式会被打破，心里常常会有诸多的寂苦和无奈，除了希望早日痊愈，还希望得到别人的安慰和支持。只要是平日有一定交往的，在得知别人生病之后，一般都会前往探视。

很多人探视病人都带着礼物，其实，对于一个生病住院的人来说，精神的鼓励和宽慰，远比物质更重要，只要你言语得体，就能很大程度地减轻病人的苦痛和孤寂，使其尽快摆脱病魔的纠缠。

在探视病人的时候，应该综合考虑诸多因素，再决定说话的方式和技巧。首先是自己和病人之间的关系，可分为亲属、长幼、上下级、同事、朋友等，关系不同，说话的方式不一样。其次是病人本身的特点，如年龄、性别、性格、病情等，都应该区别对待。

对于年轻力壮、性格开朗、交情很深、病情不重的病人，不妨采取风趣幽默，甚至是调侃的说话方式。譬如说："平日比腕力都输给你，现在来试试谁厉害！"病人会从昔日的威风凛凛的回忆中激发出战胜病魔的勇气和信心。

在探视的时候，态度要和蔼可亲，神情要尽量放松，不能表露出过度的忧虑和痛苦。因为生病之后，人的情绪会变得焦躁，神经会变得敏感，你的不当表现，会增加病人的心理负担，不利于病人早日康复。说话的时候，语调要亲切，多说一些安慰和鼓励的话，尽量不提及病情，把病人当成正常人看待，让他意识到

探视病人怎么说？

病人情况

开朗且病情不重	病情不严重	病情危重
说话方式	说话方式	说话方式
采取风趣幽默，甚至调侃的说话方式。	态度和蔼可亲，神情尽量放松，语调亲切，给对方以温暖。	不能面带忧虑和痛苦，不能在病人的面前讨论病情。尽量转移其注意力。

探望患病朋友

阿力生病住院，他的死党阿坤和阿杰去医院探望他。

走进病房，阿坤开口就说："这张病床蛮软的，躺在上面好像很舒服！你可以安心躺在床上休息。"

阿力笑了笑，回答说："能暂时远离那繁重的工作，真是有些庆幸呢！"

阿杰又说道："你现在已经度过危险期，病好了后你就会产生抗体，再也不会被传染，比我们还多了一层保护墙呢！"

"呵呵呵呵……"病房里顿时充满笑声，阿力觉得自己的病好了很多。

自己仍旧是家庭和公司中不可或缺的一员。

对于危重病人，请不要当着他的面讨论病情。特别是在病人还不知道自己的确切病情时，更要把他的注意力转移开。比如，可以夸赞病人就医的地方医疗条件不错、主治医生医术高明等，还可以和他说一些病房外的新鲜事。

11.突发状况怎么说

在重大场合说话，因为说话的意义重大，面对的听众多、身份地位特殊，对说话者个人魅力的展示和塑造都很重要，而且，一个人一生面对这种场面的机会并不多，因此，很多人都会倍加珍惜。只是意识到应该珍惜显然不够，还得付诸行动。

很多人为了在重大场合说话圆满，会事先对相关细节进行精心设计，包括从出场到结束，甚至是每一句要说的话，都进行反复演练。然而，世界永远都是处在不断变化之中，无论事先做多么精密的设计和准备，到达现场，还是可能会出现一些自己难以预料的突发状况。比如自己一不留神在上台说话之时滑倒，或自己的讲话被突然打断，或有人突然向自己提出一些特别刁钻、特别难回答的问题等。面对这样的状况，如果自己处理不当，就会陷入尴尬的气氛之中，整个讲话的效果就会大大降低，甚至在事件之后，自己还会成为大家议论的笑柄。

对于重大场合中的突发状况，讲话者除了事前做准确、周密的预判，设计制作相应的应急预案之外，假如不幸遇上自己事先没有想到的状况，就全靠自己灵活机动的应变能力。

应对毫无征兆的突发状况，大脑的反应一定要机敏。在最短的时间内把突发事件的性质和自己此次讲话的重要性联系起来思考，并在最短的时间内作出反应，转移大家的注意力，不要给在座的其他人留下太多思考的空间。比如上台之时不慎滑倒，无论是自己过于紧张，还是其他什么原因，都可以说："在下对在座各位的热忱（或才华之类）佩服得五体投地，在这里给大家行礼了！"这样谦卑的态度，不仅能够顺利过渡，还会因为自己的机智幽默赢得大家的尊敬。

除了借题发挥、调侃自己之外，应对重大场合突发事件的方法其实还有很多，这需要当事人根据自己所处场合的环境、气氛，灵活机智地予以处理。而无论以何种方式处理，都需要快速、及时。

有的时候，如果第一时间里实在想不到急救办法，可以以活跃气氛为名，给大家讲一个无伤大雅的笑话或故事。总之，面对突发状况，既不能无动于衷，更不能惊惶失措。

突发状况怎么说？

切忌	无动于衷 惊惶失措	结果	讲话的效果将大打折扣，自己还会成为大家的笑柄。
应该	迅速反应 借题发挥 避实就虚	结果	转移大家的注意力，以机智幽默赢得大家的尊敬。

滑倒

一个著名学者应邀演讲，刚刚上台，不小心脚下一滑，险些滑倒，台下众人见此情形，几乎要笑出来。

不料那学者借机向台下听众鞠了一躬，嘴里说：“非常感谢大家的热忱，在下给大家行礼了。”台下立刻响起掌声。

避免陷入窘境

有一位作家，常常应邀到各个地方演讲。演讲的主题多是与他的专长有关，但有时也需要回答与自己专业无关的问题。

每当遇到自己不太了解的话题或内容时，他会说：“我知道大家已经对这个问题有深刻的了解，我也就不再啰嗦……”

听众们听了这句话，自然就不会再提出和此话题相关的问题。

12.化解矛盾怎么说

化解他人的矛盾纠纷，无论对方是素不相识的陌生人，还是关系亲密的家人、朋友、同事、下属，还是其他关系特殊的人；无论是出于道义上的恻隐之心，还是自己的职责所在，都需要一定的技巧。只要自己的方法得当，技巧合理，就能迅速消除双方的怨气，使双方化敌为友，自己也赢得双方的感激和敬重。否则，如果盲目草率，不讲究方法和技巧，就有可能激化双方的矛盾，不仅事与愿违，还可能惹火上身，落得里外不是人。

化解别人的矛盾，首先，要了解事情的真相。不了解事情的真相，就没有发言权。只有了解清楚双方发生矛盾纠葛的前因后果，才能明辨他们之间的是非曲直，才能在化解矛盾的时候有理有据、游刃有余。

其次，态度要诚恳，语气要温和。无论双方的矛盾冲突是否激烈，无论双方的怨气有多大、情绪有多激动，都不可能把矛头指向自己。只要自己的态度诚恳，就能赢得矛盾双方的尊重和好感。这样的话，双方接受你调解的可能性就会增大，调解的效果就会好很多。反之，如果你的态度不够诚恳，或者双方认为你的态度不够诚恳，就会怀疑你别有用心，怀疑你是有意偏袒某一

化解矛盾怎么说？

首先 → **了解事情真相**

了解双方发生矛盾的前因后果，明白双方的是非曲直，才能做到有理有据、游刃有余。

其次 → **态度诚恳、语气温和**

以诚意感动双方，切莫让双方对你产生抵触情绪，乃至敌对情绪。

再次 → **淡化双方争端问题的严重程度**

抓住这个焦点问题，改变双方原有的观念和看法，以此打开双方的心结。

最后 → **个别交换意见**

针对事情本身，剖析各自的是非对错，让彼此站在对方的立场思考。保持客观公正。

劝架

甲：“那天，我看见一个男人在街上殴打一个女人。就冲过去说：‘打女人算什么本事，要打就打男。’”

乙：“结果怎么样呢？”

甲：“我就被打得不省人事了。”

与其正面冲突，不如采取激将法

利宾是一位很受欢迎的歌星，但是脾气却不太好。有一次，利宾要参加一场音乐会，到了演出时，他却不想出场了。

经纪人洛克知道，利宾又因心情不好而拒绝演出。洛克说：“我马上打电话取消，虽然你不在意票房，但我想观众会很失望，不过也无所谓。”

最后一句其实是反语，意思是今天晚上不去，那么就会失去很多观众和支持者。利宾听完，说：“那我等一下再决定吧！”

经过一番思考，最后，这位歌星终于走上台，为大家献唱。

方，就会对你产生抵触乃至敌对情绪。一旦到了这个地步，离惹火上身就不远了。

再次，要淡化双方争端问题的严重程度。发生矛盾争执，肯定有双方比较在意的矛盾焦点。这个焦点，在双方看来，应该是比较严重的、不能调和的。作为调解人，应该抓住这个焦点，尽量说服双方：在他们看来是很严重的问题，其实性质并不那么严重。只要双方接受你的这一观点，事情就成功了一大半。

最后，个别交换意见。矛盾纠纷出现之后，出于好面子，谁都不愿意当着对方的面认输。此时，最好个别交换意见。针对事情本身，剖析当事人的是非对错，让他站在对方的立场审视和思考。在保持态度客观公正的大前提下，成功化解矛盾。

13.当众演讲怎么说

演讲又称演说，是指在公众场所，以有声语言为主要手段，以肢体语言为辅助手段，针对某个具体问题，鲜明、完整地发表自己的见解和主张，阐明事理或抒发情感，进行宣传鼓动的一种语言交际活动。

除了政治家，演讲对律师、教师、企业家等职业也有不可低估的重要作用。就普通人而言，掌握演讲的方法和技巧，能够提高说话能力，增强自信心，塑造良好形象，为日后大展鸿图奠定坚实的基础。

一次成功的演讲，首先要从准备工作做起。自己的演讲内容应该认真准备。从思想观点，到逻辑层次，以致具体的细枝末节，都应该做周密的安排。应该熟悉自己演讲的环境：室内还是室外、宽敞还是狭窄，灯光角度、声音效果等，都会影响到演讲的效果。还应该了解自己的演讲对象、年龄阶段、知识水准、关注话题、思想观念等，都不能忽视。为了确保演讲的效果，在正式演讲之前，还应该反复练习和模拟演讲，力求精益求精、万无一失。

正式演讲的时候，演讲者应该以良好的形象出现在听众的面前，穿什么衣服、留什么发型，都要根据演讲的主题和听众的需要而定。站在台上，仪态既要端正，也要适度放松。过于僵硬，不仅给人呆板的印象，甚至会影响吐词、发音；过于放松，又会给人散漫的感觉。一般情况下，保持身躯挺直，两脚距离与双肩同宽，是比较恰当的姿势。演讲过程中，目光既要专注，也要柔和，表情要随着演讲的内容起伏有所变化，不能给人痴呆之感。

演讲应该迅速吸引听众，开场白要有新意。除了良好的形象、悦耳的声音打动听众之外，可以根据演讲的主题，设计恰当的故事开头，也可以以设问的形式开头。演讲过程中，要注意节奏的变化，根据内容需要，调整语速的快慢、语音的轻重。为了

演讲的方法和技巧

- 准备
  - 主题和具体内容
  - 熟悉演讲的环境
  - 了解听众的基本情况
  - 反复练习和模拟演讲
- 出场
  - 良好的形象
  - 仪态既要端正，又要放松
  - 眼神既要专注，又要柔和
- 演讲
  - 精彩的开场白
  - 注意节奏的变化
  - 语速的快慢
  - 语音的轻重
  - 根据内容可作适当停顿
  - 适当的手势和肢体语言
  - 谋求和听众互动的机会
  - 耐人寻味、难以忘怀的结尾

不关我的事

一位著名的政治家应邀为大学生演讲，他在准备回答学生的提问时，主持人递给他的麦克风居然出故障，没有声音，场面顿时显得有些尴尬。

不料这位政治家耸了耸肩，双手一摊，笑着说："这可不关我的事，我并没有动它。"气氛顿时活跃起来。

演讲时要"管"好你的面部表情

演讲时的脸部表情，会带给听众深刻的印象。紧张、疲劳、喜悦、焦虑等情绪都清楚地表露在脸上，很难由本人的意志加以控制。

演讲的内容即使再精彩，如果表情缺乏自信，演讲就很容易变得欠缺说服力。

控制脸部的方法，首先"不可垂头"。人一旦"垂头"就会予人"丧气"之感，而且若视线不能与听众接触，就难以吸引听众的注意。

另一个方法是"缓慢说话"。说话速度一旦缓慢，情绪即可稳定，脸部表情也得以放松，再者，人也能够泰然自若起来。

保证对听众有足够的吸引力，有时还可以作一定时间的停顿。

在演讲的关键环节，应该辅以适当的手势和肢体语言，尽量寻找和听众互动的机会。

演讲的最后，要给听众们都留下一个耐人寻味、难以忘怀的结尾。

14.拒绝别人怎么说

人与人之间应该相互帮助和支持，别人有求于你的时候，无论对方和你的关系如何，能帮的尽量帮；你有困难的时候，求助于别人，别人能帮的也尽力相助。这样的生活图景，应该是非常美好的。但是，每个人都有自己的实际困难，常遇到别人有求于你的时候，你却因为诸多原因不能帮助别人，于是不得不婉言拒绝。

求助别人时，心里常满怀希望；求助不成，遭到拒绝，心里会有很大的落差。因此，拒绝别人，需要针对实际情况，讲究一定的方法和技巧，否则就有可能伤害对方，甚至造成彼此之间难以化解的矛盾。

当别人求助于你的时候，诉求是比较明确的。拒绝别人，也需要明确的理由。根据对方的诉求、自己的处境，拒绝别人大致有三种不同的情况：第一，别人的诉求超过自己的实际能力，帮不上，比如别人向你借100万，你没那么多钱，只能拒绝。第二，别人的诉求超过自己的心理承受能力，不想帮，比如别人向你借100万，因为担心有去无回，只好拒绝。第三，别人的诉求违背自己的为人准则，不能帮，比如别人向你借100万，还明说是拿去做违法的事情，必须拒绝。

在第一种情况下，你的本意并不是想拒绝，而是确实无能为力。因此，在拒绝别人时，态度一定要诚恳，让对方确信你不是不想帮忙，而是实在帮不上忙。只要对方相信你说的话，心里就不会难受。同时，为了证明自己的诚恳，你不妨替对方再想想办法，虽然你帮不上，但可以帮助想想双方都熟悉的其他人能否帮上对方。这样做了，无论结果如何，对方都会对你存感激之心。

第二种情况，超过自己的心理承受能力。但是，你不能把话说得太直接，而要尽量委婉含蓄一些。同样以借钱为例，你可以一口咬定自己没钱，也可以说自己仅有的钱另有急用，话说到这个地步，对方也不可能再强人所难。

第三种情况，是绝对不能帮忙，语气可以委婉一些，但态度一定要坚决。对方能够知难而退最好，要是对方死缠烂打，不妨以公诸于众，乃至报警相威胁，彻底断绝对方的念头。

拒绝别人的方法和技巧

1.对方诉求超过自己实际能力，帮不上忙。

办法

态度诚恳，让对方确信自己已经尽力。

2.对方诉求超过心理承受能力。

办法

语气委婉，既不为难自己，也给对方留足面子。

3.对方诉求超过做人准则，不能帮。

办法

态度坚决，让对方知难而退。

是我不配

一个男子向一个女子求爱，女子婉言谢绝说："你真的很优秀，是我不配。要是你愿意，我们做普通朋友吧！"

拒绝人又不伤和气的方法

1. 向对方解释自己拒绝的原因。
2. 采取暗示性并且果断的言辞拒绝，不要说得模棱两可。
3. 拒绝人不要找借口，也不要含糊其辞。
4. 拒绝对方的同时不要伤害对方的自尊，否则对方可能会迁怒于你。
5. 让对方明白你的拒绝是必须的表现。

推销员：小姐，要试试我们专柜新款的防晒霜吗？效果非常好哦！

顾客：我家里还有没用完的防晒霜，暂时不需要。不然你把名片留给我，等用完我再来买吧！

虽然推销员被拒绝了，但心情还是不错，因为可能又多了一个潜在顾客哦！

15.被人拒绝怎么说

诉求被人拒绝，分为两种不同性质的情况，其一是日常生活中，自己遇到无法解决的困难，求助于人时遭到拒绝；其二是工作上，如推销员推销，遭到拜访客户的拒绝。

在求助于人的时候，自己肯定满怀希望，遭到拒绝，相当于当头被人泼了一瓢冷水，心里肯定很难受。然而，仅沉浸在难受中于事无补，因为困难仍然没有解决，生活还得继续。遭到拒绝，更没有必要不满对方，因为每个人做事都有自己的理由，要是对方拒绝是因为确实无能为力，就要充分体谅对方的难处；要是对方有能力帮而不愿意伸出援手，也应该尊重对方的选择。求不求他是你自己的事，帮不帮你是他的权利。如果真要怪，只能怪自己求人之前没有看对人。

俗话说："求人不如求己"，实在要求人时，首先要想到被拒绝，要想办法尽量避免被拒绝，这既可以避免双方的难为情，也有利于自己的困难得到及时解决。真要是求人被拒绝，也不要不高兴，更不能翻脸不认人，而是要充分体谅对方的难处，要诚心地表示自己的谢意，使双方的关系不受丝毫损害。

推销员被客户拒绝，和日常生活中的被拒绝截然不同。客户

被人拒绝怎么说？

被人拒绝怎么说

类型	性质	办法
日常生活有困难求助于人，遭到拒绝。	对方无力帮助；对方不想帮助。	体谅对方的难处；尊重对方的选择。不影响彼此关系。
推销员推销产品或服务，被客户拒绝。	推销的产品或服务没能满足对方需要。	有礼貌，感谢对方接受拜访。争取赢得下一次的机会。
青年男女追求心仪的对象被拒绝。	双方不合适；自己的优点、诚意未被对方完全认识。	保持平常心，不适合做恋人就做朋友；有希望就别轻言放弃。

和自己之间首先是工作关系，你向对方推销产品或服务，成功的前提是能够满足对方的消费需要；对方拒绝的本质，是你没能满足对方的需要，或者说没能很好地满足对方的需要。客户拒绝的原因很复杂，有的是的确不需要你推销的产品或服务；有的是你拜访的时间不恰当，对方根本无暇听取你的意见和建议；有的是对方已经对你推销的产品或服务产生了兴趣，但仍旧心有疑虑；有的是暂时不需要你推销的产品或服务；还有的是其实已经动心，不过是想为自己争取更多的优惠罢了。无论客户拒绝的原因是什么，自己都应该保持礼貌的态度，感谢对方抽空接受拜访，为下一次的拜访争取机会和留有余地。

还有一种特殊的拒绝，是异性之间，某一方看到心仪的对象，苦苦追求却遭到拒绝。在此情况下，当事人应该保持平和的心态。对方拒绝,不是你不够好，可能是对方觉得彼此不合适，也可能是对方对你的认识、了解还不够。无论何种情况，都应该尊重对方的选择，好言相向。

第五章 讲『技巧』，『嬉笑怒骂』悠着点

1.有话好好说

“有话好好说”的原意似乎是大家都熟知，就是心里有什么话，要心平气和地说。在这里，成了深谙说话艺术最好的证明。这两个“好”字，第一个“好”，是说话之前，要把自己想说的话组织好、表达好；第二个“好”，就是取得最好的说话效果。要达到这样的效果，需要掌握说话的技巧，并把这些技巧融会贯通，用得恰到好处。

说话包含的要素很多，有内容、主题、语言、声音，说话的对象和说话的场景等，说话的技巧，涵盖以上各方面。每一种技巧，表面看来像是独立，实际上却紧密联系，构成说话这门艺术不可或缺的基石。

针对具体的现实需要，懂得并善于运用说话技巧的人，和完全不懂说话技巧的人，面临的境况和得到的结果就会截然不同。毫不夸张地说，前者可以呼风唤雨，心想事成；后者只能局促一隅，寸步难行。

懂得并善于运用说话技巧的人，可以根据自己的愿望和现实需要，把一个很平淡的故事讲述得生动感人；不懂说话技巧的

说话技巧的重要性

本质 → 是无数人不断实践、不断分析归纳的结果。不是与生俱来的。

- 懂得并善于运用 → 根据自己的愿望和现实需要，变平淡为生动，变艰深为浅显，变平凡为神奇。能打动每一个人的心，被大家如众星拱月一般敬仰。
- 完全不懂 → 生动成了寡淡，平易浅显成了云山雾罩，最美的花，也毫无动人之处。只能形单影只，像蜗牛一样艰难爬行。

人际交往中应该注意的说话技巧

1.学会倾听

2.正确称呼对方

3.记住对方的名字会让沟通更容易

4.学会引出对方的话，让对方打开话匣子

5.不要涉及对方的雷区

6.学会“吹牛”

7.不要吝啬你的赞美，但也不可太过夸张

8.巧妙地提出问题

9.避免过多的口头禅

10.拒绝对方也要做到不伤和气

11.发言要简洁有力

说话漂亮，人更美

人际交往互动越来越频繁，而“说话”在人际交往中扮演着越来越重要的角色。尤其对于女性来说，拥有好人缘，在职场、交友中将会无往不利。所以，要想拥有高人气、好人缘，成为大家视线的焦点，一定要注意说话技巧，把话说得漂亮，人也会变得更美丽！

人，即便是一个非常生动的故事，从他的嘴里说出来，也会变得寡淡无味。

懂得并善于运用说话技巧的人，可以根据自己的愿望和现实的需要，把一个复杂艰深的道理，讲解得平易浅显、妇孺皆知；不懂说话技巧的人，即便是一个平易浅显的道理，从他嘴里讲出来，也会让人觉得难以捉摸。

懂得并善于运用说话技巧的人，可以根据自己的愿望和现实的需要，把一片普通的树叶描绘得美轮美奂，让人神往；不懂说话技巧的人，即便是一朵绚烂美丽、芳香沁人的鲜花，从他嘴里说出来，花还是花，却无半点可爱之处。

懂得并善于运用说话技巧的人，可以打动每一个人的心，被大家如众星拱月一般的敬仰；不懂说话技巧的人，只能永远形单影只，像蜗牛一般艰难爬行。

说话的技巧不是一成不变，也没有一个人的说话技巧是与生俱来的，都是自我激励、不断学习、不断超越，才会有丰富多元的说话技巧。

2.用心说话

世界上最美的话，最能感动别人的话，是发自内心的话。而用心说话是最重要、最根本的技巧。

说话的目的，是彼此交流思想，沟通感情。交流和沟通都是对等的，当你把内心最真实的想法、最诚挚的感情袒露出来的时候，对方一定能够感受得到，就会为你的真实和诚挚感动，回报给你同样的真实和诚挚。这样，双方的交流和沟通就完全没有障碍，心与心的距离就会快速缩短，直至没有距离，融会在一起。相反地，如果两个人在一起说话，彼此都把心包藏起来，言不由衷，就像两个人戴着面具一起生活，看不清楚双方，即便某一天两个人摘下面具在大街上遇见，也认不出彼此。

用心说话，除了把自己内心真实的想法、诚挚的感情和盘托出，还应该用心去聆听、用心去感受。沟通的对象形形色色，每个人的性格、习惯、表情达意的方式都可能不同，因此，在与人谈话交流的时候，应该用心专注于对方，体察对方一言一语蕴含的思想、一笑一颦流露的情感，站在对方的立场和角度，尊重对方、关心对方，从而形成彼此间的良性互动。

用心说话，用心感受，对不曾这样认真做过的人来说，听起来似乎有点玄奥莫测，但事实并非如此，日常生活中类似的例子屡见不鲜。

比如一个还无法准确无误地表情达意的孩童，无法用成人习惯的方式准确表达自己的思想和愿望，但是每天朝夕相处、细心呵护他的母亲，能够读懂孩子每一个细微动作后面最真实的诉

说话技巧的重要性

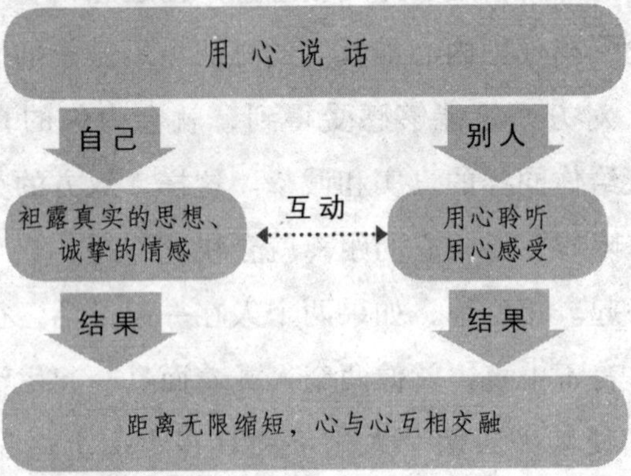

用心说话，真实展现自己

在人与人的交往过程中，最重要的是要用心、有诚意，否则你说的话很难让人信服。说话要有魅力、说服力，而华丽的词藻并不能给你带来这样的效果。往往是那些平实的语句，用心、实事求是说出来的话，反而会得到对方的信任。

如果你能对这些平实的语句适当注入一点“活泼的养分”，你的话就更具有表达力。你说的话平实又生动，又有说服力，在人际交往中一定会赢得好人缘。

Anan：我看过你的作品了，虽然我对绘画研究不多，但我觉得你的作品很有风格，非常有特色，刚才我听到好多人都对你的画作赞不绝口呢！

画家：谢谢！这是我听过最好的赞美了！

求。换了其他全无经验的人，在面对一个个会哭闹的婴儿时，可能就完全无能为力。

孩子的心智和能力发展还没有达到能够准确表述自己思想、情感、愿望的阶段，不应该受到任何责备。可是有一些成年人，由于认识不足，或者习惯使然，不愿意用心说话，不愿意把自己的心声袒露出来，在父母家人面前不说，在上司同事面前不说，在同学朋友面前不说，结果当然是愿望得不到满足，心愿无法实现。更可悲的是，对于这样的结果，他们首先做的，不是反省自己，而是埋怨别人的不理解，甚至埋怨社会对自己的不公。

3.实话实说

实话实说和“口无遮拦”不同。口无遮拦的人，肚子里憋不住一点事儿，非一股脑儿吐出来不可。至于吐出来的是什么话，会有什么后果，他们是不会动脑子去想的。因为说话之前没有经过大脑的思考、筛选，口无遮拦的人脱口而出的话，可能是自己看到的表面现象，或是道听途说的流言蜚语。

实话实说的人，大多数是忠厚老实，恪守本分。他们平时话语不多，说每一句话都很慎重，都会经过大脑的遴选和甄

实话实说的重要性

实话实说 → 要求 → 说出自己真实的想法和要求。 → 好处 → 缩短交流和合作的心理距离和现实距离，取信于人。 → 反之 → 心存侥幸或者用谎话掩藏自己的缺点和不足。掩盖事实真相。 → 结果 → 谎言被揭穿，事情真相大白时，你也将失去人们的信任。

夸奖人也要说实话

当你不经意间得到别人一句赞美的话，心里是不是很高兴呢？而如果一个人把你从头到尾夸奖一遍，你会不会觉得很茫然呢？
这样过度夸张的话语会让人觉得是在拍马屁，所以，我们在夸奖一个人时，还是要注意“实话实说”，赞美的语言也一定要“言之有物”。

别，最终说出口的，一定是证据确凿的真话，绝对没有胡编乱造的假话和谎话，也没有道听途说的传言和未能证实真假的虚言。

实话实说的人，他们说出的话，揭示事情的真相和事物的本来面目，传递自己最真实的思想情感，表达自己最实在的目标愿望。他们的诚实和坦白，蕴含着巨大的人格魅力，能够赢得更多人的尊重。

人与人之间的交流和合作，必须建立在相互信任的基础上。实话实说，正好是取信于人的前提基础和重要保障。世界上最美的谎言，也不过是谎言而已，它对于需要真诚交流和合作的双方而言，作用为零，甚至是负数。只要谎言被揭穿，自己之前付出的所有努力，都有可能付诸东流。

既然是谎言，为什么不会被揭穿呢？为什么不应该被揭穿呢？有人说过："当你撒了第一个谎之后，就会编织十个谎言来自圆其说，当你撒了十个谎言之后，就会编织一百个谎言来自圆其说。"谎言的窟窿越来越大，怎么会不被揭穿呢？

实话实说的最大好处在于，你说出的每一句话，都经得起任何方式的核对和考证，从而保证你的人格和社会地位永远屹立不倒。反之，即使你一直都讲真话，但偶尔说一两句假话之后，人们就会质疑你之前所说的每一句话。

4.从赞美开始

人都喜欢听好听的，几乎没有一个人会拒绝别人对自己的赞美。

从心理学的角度讲，人的需要分为五个不同的层次：生理需要、安全需要、社会交往需要、尊重需要、自我实现需要，依次从低到高。其中，尊重的需要介于社会交往需要和自我实现需要之间，既属于每个人的基本需要，也是较高层次的需要。意思是，现实生活中，每个人都需要得到别人的尊重，普通人是这样，社会地位越高的人，需要越强烈。

赞美，无疑是体现尊重的最好方式。每个人都是独特的，都有自己的优点和长处，都有自己引以为傲的某些特质。诚恳地说出他们的这些优点、长处和特质，就是最好的赞美方式，就是对他人最大的尊重。

有的人知道赞美对方的重要性，却不知道赞美别人的方法和技巧。以为赞美别人，就是不停地说对方的好话，不看具体的环境、对象，什么话好听就选什么话说，甚至把对方极力避讳的缺点也拿来当成赞美的内容。这种“哪壶不开提哪壶”的做法，既得不到对方认同，对自己当然也不会有什么好处。所以，世界上没有不需要

怎样赞美别人？

首先 → 敏锐观察和捕捉到对方身上与众不同的优点、长处和特质等。

其次 → 用诚恳的态度和恰当的语言，指出对方的优点、长处和特质。

再次 → 让对方认可和乐于接受你的赞美。

比恩·崔西的赞美

比恩·崔西是美国著名的图书推销员，有一次，他准备向一位女士推销图书，还未开口，对方就很不友善地说：“我知道推销员很会奉承人，专挑好听的说，不过，我不会相信你的鬼话。”

比恩·崔西微笑着说：“是的，您说得很对，推销员是专挑那些好听的词语来讲，说得别人头昏脑胀，像您这样聪明的顾客，我还是很少遇到，特别有自己的主见，从来不会受到别人的支配。”

一席话说得对方很高兴，结果买了他很多书。

赞美别人会为你带来财富

司华伯是美国一家钢铁公司的主管，年薪超过百万美元。为什么他会拿那么高的薪水呢？

司华伯解释说：“我手下的很多员工才是真正的专家，他们懂得的技术和知识比我多。”这真是奇怪，为什么司华伯并不算最优秀，却可以享受如此好的待遇呢？

面对这个问题，司华伯说：“当我和员工相处时，我能够激发他们的积极性，让他们努力工作。很多人问我，怎样才能做到这一点呢，其实很简单，那就是多去赞赏和鼓励别人。我从来不批评任何人，只是不停地表扬别人。”

赞美能给人带来巨大的鼓舞。司华伯就是巧妙地以赞美、鼓励的语言，激发员工们的工作积极性，为自己创造更多的财富。

赞美的人，只有不知道赞美别人和不善于赞美别人的人。

要学会赞美别人，首先要学会观察。只有敏锐地观察到对方身上与众不同的闪光之处，并以诚恳的语言和态度表现出来，最终得到对方的认同，赞美才是成功的。

在赞美别人的时候，诚恳的语言和态度的重要性，需要特别的强调和指出。每个人对自己的优点和长处，心里都大致有数，你观察到、捕捉到，说明你有很好的洞察力。但是假如你在指出这些优点和长处时，态度不够真诚，甚至是漫不经心，非但得不到对方的好感，还有可能适得其反。

赞美还需要得到对方心理上的认可，才能达到自己预期的效果。有的人不太喜欢听太过坦白、太过肉麻的话，要是你言过其实、不着边际，对方就有可能认为你在讨好，而不是在赞美，就会怀疑你别有用心，就会对你产生警惕、防范，甚至是抗拒心理。

5.倾听的重要性

每个人都只有一张嘴，却长了两个耳朵。如果说人真的是上帝创造的杰作，那么，上帝对人类的这个设计意味着什么呢？

对于这个问题，每个人可以站在不同的立场抒发自己的观点和看法，但对有志于掌握说话这门艺术的人来说，因为嘴巴是用来说话，耳朵是用来听别人说话，自己说话用一张嘴就足够了，听人说话却要用两只耳朵，意思很明显，就是要自己少说，多听别人说。理由似乎牵强了一点，但结论肯定无疑：想要学会说话，先要学会听别人说话。

说话是交流思想感情，是双边活动，必然是一方在说，一方在听。要是双方都只顾着说自己的，不听别人在说什么，看上去就像是两个都不讲道理的人在吵架，交流和沟通无法完成。想要良好地交流和沟通，除了说，还得听；想要学会说话，掌握说话这门艺术，就得学会倾听。

学会倾听，代表你对他人的尊重，同时也赢得了别人的尊重；学会倾听，能够从对方的话里了解和掌握对方内心真实的想法和意图，才能很好地和对方交流和沟通；学会倾听，能够捕捉到丰富的信息，使自己更了解事情的真相和事物的本质；学会倾听，能够从别人的话语里吸收更多有用的东西，使自己在发言的时候取长补短，观点更正确、论证更完整、办法更有效；学会倾听，你会发现每个人都有过人之处，从而变得谦虚谨慎、奋发向上；学会倾听，你还能从别人身上学会很多说话的方法和技巧，从而更好地掌握说话这门艺术。

学会倾听，即在听别人说话的时候，一定要神情专注，集中所有的注意力，这样才能尽全力吸取对自己有益的东西。同时，态度要诚恳，要让对方感觉到你在认真倾听，同时给予鼓励和关注的目光，可以在对方说到关键之处颔首示意，表示自己的肯定和赞赏，确保对方把该说的话说完。

倾听的技巧

首先，要有诚意，无论对方的地位如何，谈话过程中眼睛要注意对方，这是基本的礼貌。

其次，别人和你说话时，最好能停下手上的工作，认真听对方讲述。

另外，在听的过程中，偶尔要插上一两句以示回应。听到不明白的地方，适时地插入问题，表示你一直认真在听。

学会倾听

好处

- 赢得别人的尊重
- 良好地和对方交流和沟通
- 了解事情真相和事物本质
- 使自己说话时取长补短
- 使自己变得谦虚、谨慎、奋发向上
- 捕捉到对手的弱点
- 更容易掌握说话这门艺术

办法

- 神情要专注，集中注意力
- 态度要诚恳，积极回应

此时无声胜有声

一家电信公司常接到一位老先生打来的投诉电话，他根本不听工作人员的劝告，无论怎么给老先生解释，他都不听，让人觉得有些无理取闹。最后，电信公司派了一位调解员上门拜访老先生。

不久之后，公司就再也没有接到老先生的投诉电话。公司的人感到非常惊奇，于是问这位调解员："真是太神奇了，你到底对他说了些什么呢？"调解员说："我几乎没说什么话。"

"其实很简单。"调解员继续说，"到了老先生家后，我一句话也没说，而是听他足足说了三个小时，等他说完话之后，我安慰他几句，事情就解决了。其实他只是想向人倾诉一下而已。"

6.说好第一句话

对于第一次见面的人，有必要开口第一句话就把自己介绍给对方。在双方全无了解的情况下，自我介绍最好开门见山。在向对方致意之后，将自己的姓名、身份直接告诉对方。

如果双方已有一定的了解，自我介绍可以采取攀谈的方式。就是在自己和交谈对象之间，寻找能沾上关系的支点。如果没有直接关系，比如性格脾气、生活经历、兴趣爱好等间接的关系，也可以充分利用。即便两个人真的是全无关系，你也可以生拉硬扯，强行把两个人捆绑在一起。可见与对方交往的诚心，更能体现你的聪明才智。

假如对方了解得更多一点，不妨采取敬慕的方式。在夸赞对方引以为傲的优点和长处的同时，表达自己由衷的仰慕之情。

如果自己面对的不是单一的对象，如重大场合的演讲，需要面对一群学识修养、兴趣爱好等都不相同的听众，是否做自我介绍，就显得不是那么重要。重要的是接下来的开场白中怎样吸引住大家的注意力。

开场白的方式也很多，被很多人认可和赞誉的大致有以下几种：

自我介绍的方式

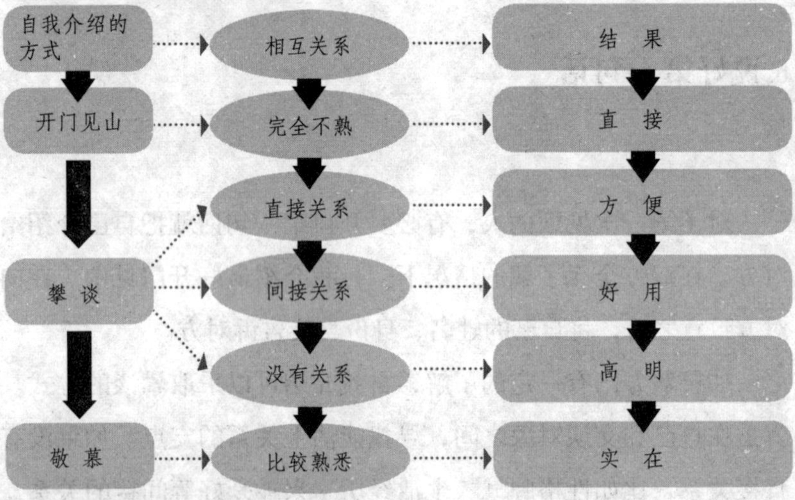

新职员和老板的对话

老板：万分欢迎，没有你，我们的公司肯定大不一样！
员工：如果工作太累，或许我会辞职。
老板：放心，我不会让这种事情发生！
员工：我假日可以休息吗？
老板：当然了！这是底线！
员工：平时会天天加班到凌晨吗？
老板：不可能，谁告诉你的？
员工：有餐费补贴吗？
老板：那还用说？绝对比同行都高！
员工：有没有工作猝死的风险？
老板：不会！你怎么会有这种念头？
员工：公司会定期举办旅游吗？
老板：这是我们的明文规定！
员工：那我需要准时上班吗？
老板：不，看情况吧！
员工：工资呢？会准时发吗？
老板：一向如此！
员工：事情全是新进员工做吗？
老板：怎么可能，你上头还有很多资深同事！
员工：如果主管职位有空缺，我可以参与竞争吗？
老板：毫无疑问，这是我们公司赖以生存的机制！
员工：你不会是在骗我吧？

（注：以上对话之妙处在于，由前向后阅读和由后向前阅读的意义截然不同。）

其一，情感沟通。从听众的切身利益出发，由其普遍关心和重视的话题开始，可以有效缩短双方距离，容易引起听众内心的共鸣。

其二，风趣幽默。几乎没有人会拒绝快乐和欢笑，以笑话幽默或富有趣味的故事开头，容易被大家接纳。

其三，制造悬疑。抛出一个悬疑故事或情节，能够吊起大家的胃口，让演讲的对象欲罢不能。

其四，反诘激问：以问句激起大家的好奇。提出一个大家都比较感兴趣的问题，却把答案暂时掩藏起来。

其五，引用名言。名言总是具有很强的说服力。

其六，展示道具。事先准备道具，在开场时展示，既新颖别致，又能吸引大家关注和好奇的目光。

7.正确的仪态

除了嘴里说出的有声语言，说话时的眼神、表情、动作、姿势，以及所有能够传递给听众一定含义的体态，统称为仪态。一个善于说话、懂得说话这门艺术的人，会借助于正确的仪态，增强和提高自己的说话效果；反过来，不懂得说话艺术的人，会因为错误的仪态，削弱自己的说话效果，甚至还会把自己的说话效果引向相反的方向。

说话时仪态的作用，其一是树立和展示自己良好的形象。其二是表明自己对对方的态度。一般而言，通过塑造自己的形象，传递给对方的信息，应该是真诚、友好、谦逊有礼的，而不应该是虚伪、敌意、蛮横无理的。

良好的姿态，有利于相互交流沟通。因为说话的主题、对象、场合不同，说话时的仪态要根据实际的需要而定。

通常情况下，和别人说话的时候，眼睛应该平视。过高，有时显得傲慢，有时显得漫不经心；过低，显得自己信心不足。目光应该柔和，既不能咄咄逼人，也不能游离不定。

表情要自然。若非特殊需要，不宜太过夸张。

站着说话，无论是演讲还是普通的交谈，都应该挺直腰部，以示自己堂堂正正、信心十足。表现自己关心对方的时候，可以适当地俯身说话。

还需要注意保持适当的距离。距离过近，有威胁对方的嫌疑；距离过远，又显得自己不够诚恳。若是坐着说话，随着交谈的深入，可以挪动椅子，缩短双方的距离，表明自己希望和对方更进一步交谈。

在肢体语言中，手势无疑是内涵最丰富、表现力最强的一种。不同的手势有不同的含义，代表不同的立场和态度，需要说话的人深刻体会，灵活运用。

需要强调的是，仪态包括很多因素，但又是一个整体概念，

说话时的良好仪态

作用

- 塑造自己的形象
- 表明自己的态度

→ 真诚、友好、谦逊

类型

- 目光：平视
- 表情：自然
- 腰部：挺直
- 手势：灵活
- 距离：恰当

→ 总体要求：自然且协调

良好的仪态会让你的演讲更吸引人

在演讲时，除了慷慨激昂的言辞外，演讲者的仪态也会带给听众深刻的印象，例如堂堂正正或者畏畏缩缩的印象。

虽然个人的性格与平日的习惯对此影响颇巨，不过一般而言仍有方便演讲者的仪态，即所谓“轻松的姿势”。

要让身体放松，反过来说就是不要过度紧张。过度紧张不但会表现出笨拙僵硬的姿势，而且对于舌头的灵活性也会造成不良的影响。

保持良好仪态的诀窍之一是张开双脚与肩同宽，挺稳整个身躯；另一个诀窍是想办法扩散并减轻施加在身体上的紧张情绪，例如将一只手稍微插入口袋中，或者手触桌边，或者手握麦克风等。

即眼神、表情、动作、姿势及其他体态语言，并非割裂而是统一呈现。因此，它也有一个总体要求：自然且协调。

8.把握说话的时机

由于每个人每一次说话的主题、对象、场合等均不相同，说话的最佳时机也不能一概而论。

比如，在公司开会，大家讨论的是同一个议题，如果你第一个发言，虽然能够给别人造成先入为主的印象，但由于时间还早，气氛难免显得沉闷，大家的情绪还没有调动起来，即使你讲得再头头是道，大家也未必叫好。如果到了最后再讲，虽然能够吸收别人的成果，进行有效的归纳整理，显得井井有条，或针对别人的漏洞，发表更为完善的意见，可是因为时间太晚，很多人会觉得疲倦，也难以达到自己想要的效果。总结发现，这样的场合，最好的发言机会是在第二或第三个人发言之后，及时切入话题。这个时候，说话的气氛已经活跃起来，只要你的讲话有真知灼见，就一定能够引起大家的关注。

又比如你去找客户推销，如果对方情绪不好，甚至正好在气头上，你就冒冒失失地开口，一方面，对方由于情绪不稳定，大脑思维也不正常，很难听明白你的意思；另一方面，当事人之所

说话的时机

把握时机

- 时间：该说的时候说，不该说的时候不说。
- 话题：该说的事情就说，不该说的事情不说。
- 对象：该说的人面前说，不该说的人面前不说。

创造时机

- 另选时间，转移话题，改变对象。

隆中对

诸葛亮，181年–234年，字孔明，号卧龙，琅琊阳都（今山东临沂市沂南县）人，蜀汉丞相，三国时期杰出的政治家、战略家、发明家、军事家。在世时被封为武乡侯，谥曰忠武侯，后来的东晋政权为了推崇诸葛亮的军事才能，特追封他为武兴王。代表作有《前出师表》、《后出师表》、《诫子书》等。发明木牛流马、孔明灯等。

刘备，161年–223年，即蜀汉昭烈帝，字玄德，涿郡涿县(今河北涿州)人，据说是汉中山靖王刘胜的后代，三国时期蜀汉开国皇帝，政治家，221年～223年在位。谥号昭烈帝，庙号烈祖。

《隆中对》是指中国东汉末年诸葛亮与刘备初次会面的谈话内容，因发生于湖北隆中（今湖北襄阳一带），因此后世称为《隆中对》。

历史上，诸葛亮和刘备的《隆中对》，堪称把握说话时机的经典。首先，在此之前，诸葛亮太年轻，对天下大势的认识未必透彻；其次，刘备三顾茅庐，求贤若渴的心情无以复加；再次，诸葛亮的对策，完全是为刘备量身订做。

《隆中对》中，诸葛亮为刘备分析天下形势，提出先取荆州，再取益州成鼎足之势，继而图取中原的战略构想。三顾茅庐之后，诸葛亮出山成为刘备的军师，刘备集团之后的攻略皆基于此。

以情绪不好，肯定是遇到困难，此时，他自顾尚且无暇，就算听明白你的意思，大概也不可能购买你的产品。遇到这样的情况，最好及时打住自己的念头，另找合适的时机。

善于把握说话的时机，主要从三个方面入手：首先是时间，要求该说的时候说，不该说的时候不说；其次是话题，该说的事情就说，不该说的事情不说；再次是对象，该说的人面前说，不该说的人面前不说。

我们除了要把握和捕捉说话的时机之外，还要善于创造说话的时机。比如，同样是上门推销，假如你正遇上对方情绪不稳定、心情不好，你可以先帮助对方解决问题，使对方的情绪稳定、心情好转之后，再行推销；你也可以分散对方的注意力，逗对方开心，只要对方的心情愉快，什么事情都会变得容易达成。

再如，参加大型的演讲，听众的情绪不够高，会严重影响演讲的效果。如果你意识到这点，就应该先以无关紧要的话语活跃现场的气氛，带动听众的情绪和积极性，然后再切入正题。

9.把握好说话的分寸

世间的任何事情，都有一个限度，超过这个限度，事情的性质就有可能发生变化，甚至走向反面。比如，做人应该谦虚，但假如超过限度，过于谦虚，就会被视为虚伪。说话也应该有一个限度，也就是要把握好分寸。

三国时期的杨修，聪明才智少有人及，最后却不得好死，完全是祸从口出，一点都不知道说话的分寸。有一次，曹操在园门上提一个“活”字，别人不解其意，杨修将其拆穿，曹操已经不高兴了；还有一次，曹操在酥盒上写了一个“盒”字，杨修便将别人进贡给曹操的酥一人一口分食了。老实说，此时曹操已经有了杀杨修的念头，但杨修还浑然不觉；曹操久战无功，以“鸡肋”作为口令，杨修将曹操的隐秘心思四处宣扬，这样，曹操就有了杀杨修的充足理由——扰乱军心！其实，聪明对一个人并不是坏事，但假如把聪明拿来炫耀和卖弄，就肯定不是好事。

从杨修的不幸，我们可以得出一个结论：把握说话的分寸，首先要正确认识自己的身份、地位。在讲究尊卑礼仪的环境里，有些身份绝对不能混淆，如子女和父母、下属和上司。如果混淆身份，轻则被人视为没礼貌，重则就是僭越，都不可能有好的结果。

其次，把握好说话的分寸，说话要尽可能客观。客观，就是尊重事实，把事实的真相说出来。因为只有真话才能经得起任何方式的检验。再次，把握说话的分寸，说话要满怀善意。只要心怀善意，即便偶尔说错，也不可能造成严重的后果。

在这三个大的原则下，说话有分寸，需要贯彻到说话的所有

把握好说话的分寸

首先：要明确自己的身份、地位，特别在讲究尊卑、长幼的场合，更要注意。

其次：说话要尽可能客观，才能经得起任何方式的检验。

最后：说话要怀有善意，即使偶尔说错，也能获得原谅。

→ 根据实际情况，灵活机动地运用说话技巧和方法。

开玩笑

有个人突然剃了光头，一位同事拿他的光头开玩笑说：“你的光头，看起来好像天上圆圆的月亮！”

剃了光头的同事摸了一下自己的头说：“我摸起来的感觉更像！”

Anna：我的新造型，好看吗？

丽娜：嗯~你今天要去试镜吗？怎么穿了一身戏服？

Anna：是吗？我还以为这样很时尚呢！

丽娜：时尚不是这样穿的啦！

Anna：还好有你诚心的提醒，不然我今天走出去可就闹笑话了。

环节。

如风趣幽默的说话风格，几乎是所有人都喜欢的，但也需要有分寸，否则，为幽默而幽默，就会沦为低俗。如见面赞美别人，原本是不错的说话技巧，但要是赞美超过一定限度，就成了刻意讨好别人。

很多时候要求说话要含蓄，但过于委婉含蓄，别人反而不明白你想要表达的真正意思，难以实现交流沟通的目标。说话有分寸，就是把自己的话说得恰到好处，根据实际情况，灵活地掌握说话技巧。

10.要有亲和力

说话这门艺术中，亲和力的表现，就是指别人乐于听你说话。说话是主客体之间的双边活动，如果缺乏亲和力，对方连你说的话都不愿意听，你说什么话，对方也没听进去，沟通交流的途径就不能畅通，说话的目绝对无法实现。

想要让自己说话的时候具有亲和力，必须先培养自己待人处世的亲和力。首先，要对自己有深刻的认识。只有正确认识自己，看清楚自己的优点和长处、缺点和不足，才能看到别人的优点和长处，才能尊重别人、包容别人。你处处尊重别人、包容别人，自然能够得到对方相应的回报，从而尊重你、包容你，愿意和你交往，乐于听你说话。

其次，要存感恩之心。受人滴水之恩，当以涌泉相报。在你需要帮助和支援的时候，有很多的好心人无私地帮助你，不管别人为你付出多少，都是一片善意，都应该存感恩之心。有了感恩之心，当别人需要帮助和支援的时候，你也会无私地帮助别人。人同此心，心同此理，这样就形成人际交往的良性循环。

只要待人处世具有亲和力，再落实到说话的亲和力培养，就会简单容易许多。

说话之前，大多要与人握手，此时，不妨多握一会儿。这多握一会儿所传递的，不仅是自己手掌的厚度和温度，还有自己的诚意。

坚持在别人背后说他的好话，别担心别人听不到；不要在别人背后说他的坏话。

尊重你身边的每一个人，特别是你不喜欢的人和地位比你低的人。同时，多做自我批评，少做，甚至不做自我表扬。

要不吝惜为别人喝彩，要善于聆听别人的讲话。在人多的场合尽量少讲话。

讲话的时候少用“我”，要多用“你”、“我们”。在说到对方的话题时，多用肯定的语气，在阐明自己的观点和主张时，多用商量的语气。

说话要有亲和力

- 说话要有亲和力
  - 前提和基础
    - 认识别人，尊重别人，别人也会尊重你。
    - 存感恩之心，帮助需要帮助的人。
  - 提高和表现
    - 说话前与人握手，不妨多握一会儿。
    - 在背后只说别人好话，不说别人坏话。
    - 尊重身边的每一个人，多做自我批评。
    - 不吝惜为别人喝彩。
    - 善于聆听别人讲话。
    - 人多的场合尽量少讲话。
    - 多用“你”、“我们”和肯定、商量的语气。

- 亲和力的培养
  - 尊重别人
    - 尊重别人，得到的回报就是别人也尊重你，尊重别人其实就是尊重你自己。
  - 乐于助人
    - 做到“雪中送炭”，会让受助者心中存有感激，并把你视为真正的朋友。
  - 心存感激
    - 对别人的帮助心存感激，在工作中就会觉得轻松，因为会感受到别人的相伴和鼓励；你在享受生活赐予的甜蜜时，要想到或许有人正在为你辛劳地付出。

11.听懂弦外之音

所谓听懂对方说的话，就是要求听清楚对方说的每一句话，完全明白对方话里的意思，而不是似懂非懂，也不是一知半解，更不是断章取义。

由于交流沟通的对象千差万别，受学识修养、脾气性格、说话方式的影响，有的人说的话，简单通俗，语意直接，不管是谁，一听就能明白；有一些人，说话的方式比较委婉含蓄，粗略听了，未必就能明白他们话里的真正意思。倘若因此误会别人的意思，甚至完全曲解对方的意图，交流和沟通就难以取得自己想要的结果。

在一个家庭里，老公说话常常比较直接，心里怎么想嘴里就怎么说，妻子往往比较含蓄，嘴里说的，未必就是心里想的。如果老公不善于聆听妻子的弦外之音，轻则影响夫妻生活的情趣，严重的还会影响双方的感情。假如妻子向老公提出某个要求之后，再补充一句："没关系啦！你决定就可以！"做老公的千万不要理解为妻子的要求不重要，无论自己怎么做妻子都不会介意。通常情况下，妻子的真正意思是："你要是不把这件事处理好，等一下你就惨了！"又如，夫妻一同到外面吃饭，老公问

办公室里的弦外之音

同事或上司	嘴里说	弦外之音
嘴里说	我不确定这样是不是能够实行	这根本行不通
嘴里说	或许你可以去询问一下别人的看法	没有谁会认同你
嘴里说	你思维敏捷	你能迅速找到借口
嘴里说	你具有极佳的口才	你能瞎掰
嘴里说	这看起来好像很有意思	什么东西都不懂
嘴里说	善于社交	只会喝酒而已

就像在家里一样

火车车厢里，一个男人问坐在身旁的一位女士：“请问，我能抽烟吗？”女士很友好地说：“你就像在家里一样好了。”

只见男人把烟重新放回口袋，叹了口气，说：“还是不能抽。”

男生：如果你愿意嫁给我，以后只要你喜欢，我都会买给你。

女生：呵呵……请问你是“金多多”先生吗？

妻子吃什么，妻子回答："随便。"此时，做老公的千万不能随便。越是随便，妻子会越不满意。

在工作中，无论同事还是上司，说话都比较委婉含蓄，特别是对于入职时间不长的年轻人，一定要学会听明白同事或上司话语之中的弦外音。

要听懂别人话里的弦外之音，关键在于认真观察，用心揣摩。平时相处的时候，认真观察对方的脾气性格、说话方式；交流沟通的时候，用心揣摩对方的前后语意，力求去伪存真，听懂对方的弦外之音，这样才能了解对方的真实心理。

12.善用隐含判断

隐含判断，是一个逻辑学概念，就是指由于种种原因，不便明言，而意在言外的判断。隐含判断在现实生活中的运用非常广泛，此前所述，说话之前要听懂别人的弦外之音，其实就是要找寻别人话里的隐含判断。

举个简单的例子。在一家高级餐厅里，一位顾客坐在餐桌旁，很不得体地把餐巾系在脖子上。餐馆的经理见状，叫了一个服务生，对他说："你去让那位绅士把餐巾拿下来，说话要尽量委婉。"服务生来到那位顾客的桌旁，有礼貌地问："先生，您是想刮胡子还是理发？”那位顾客愣了一下，马上明白对方的意思，不好意思地取下餐巾。

如果服务生过去，直接让客人把餐巾取下来，就会显得呆板、生硬，即便讲明是餐厅的规矩，也难免会令客人尴尬和不快。而他这样说，既风趣幽默，又顾全客人的面子，还收到极好的效果，何乐而不为呢？这里，服务生的话也包含了一个隐含判断：刮胡子和理发时才需要把毛巾系在脖子上，现在对方既不是刮胡子也不是理发，所以不应该把毛巾系在脖子上。客人听懂了他的弦外之音，当然自觉地把餐巾取下来。

在现实生活中，需要委婉含蓄地表达自己思想和意愿的地方很多。比如，对方是你交情很好的朋友，当对方对你提出难以满足的要求时，直接拒绝，难免显得无情，采用隐含判断的方法，既委婉含蓄，又风趣幽默，不失为一种极佳的办法。

美国著名的总统罗斯福曾经在海军担任要职，有一次，一位非常要好的朋友想从他那里打听到美国海军在一个岛上建军事基地的计划。他谨慎地向四周看了看，问那位朋友：“你能保守秘密吗？”那位朋友回答说：“能！”罗斯福说：“我也能！”那位朋友明白罗斯福的心意，便不再为难罗斯福。

在一些特殊的场合，即便是辩论，也需要温文尔雅，当对方以隐含判断的方式为你设下陷阱的时候，切不可失了身份，可以用“以其人之道，还治其人之身”的方式回绝。

善用隐含判断

客人把餐巾很不得体地系在脖子上 → 服务生：您是想刮胡子，还是想理发？ —隐含判断→ 餐巾不应该系在脖子上

要看爸爸是谁

肯尼迪，1917年—1963年，毕业于美国哈佛大学，美国第三十五任总统，1963 年11月，在得克萨斯州达拉斯市遇刺身亡。

卡洛琳是美国前总统肯尼迪的女儿，肯尼迪的父亲约瑟夫对他说：“卡洛琳比你小时候聪明多了。”
肯尼迪说：“是呀，卡洛琳真的很聪明。不过，得看她爸爸是谁？！”

提问的巧妙之处

一家饭店招聘服务员，经过一番筛选，最后留下两位年轻女孩竞争。所以，主管决定让两个女孩PK一番。

两人PK的题目是向顾客推销冰淇淋。两位女孩换好工作服后，就来到餐厅准备工作。

其中一位女孩走向一桌客人，客气地询问：“您好，请问您餐后需要冰淇淋吗？”
那位顾客回答说：“不需要，谢谢。”
女孩失望走开了。

另一位女孩走到一桌客人面前，微笑着询问：“您好，请问您餐后需要一个冰淇淋还是两个呢？”
顾客先愣了一下，然后回答说：“先一个好了！”

13.赞美人的技巧

每个人都希望得到别人的承认和肯定，每个人都希望被赞美。赞美对于每个人都是一件美事，但赞美又不是一件容易的事，也需要讲究方法和技巧。

赞美，有一个总体上的原则性技巧，主要包括以下几个方面：第一，因人而异。每个人都是独立的个体，喜欢和乐于接受的赞美内容和方式不同。第二，情真意切。只有情真意切，才能感人肺腑。第三，详实具体，越是具体，越显得真实诚恳。第四，合乎时宜，不合时宜的赞美，非但无功，甚至得过。第五，雪中送炭，不可锦上添花。

由于个体分类的方法很多，赞美人的针对性技巧就有不同的侧重点。从性别的角度看，所有的说话对象不外乎男、女两性，我们不妨简单地说明赞美男人和女人的不同技巧。

赞美男人，首先要着眼于事业。由于社会分工和习惯传统的影响，男性往往比女性承担着更多的社会责任，唯有成功的事业才能和他们肩上的责任相匹配。因此，赞美男人应该先从赞美他们的事业入手。不管对方从事的是何种职业，也不管他在职业领域的成就大小，都应该尊重他的事业，由衷赞美他的事业。

赞美人的技巧

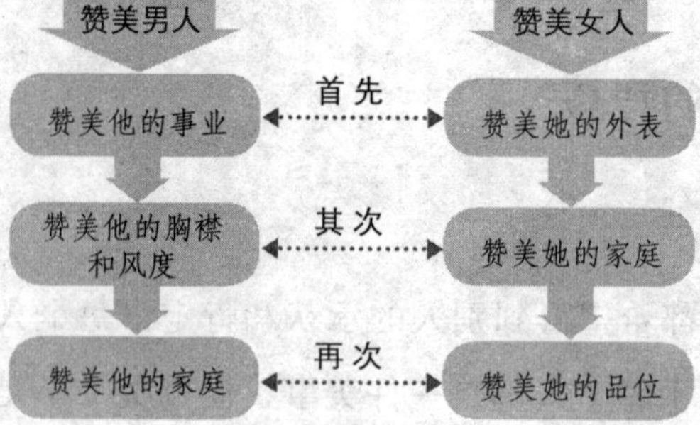

你是个守信的人

比尔是一家房屋中介公司的经理，最近他遇到一件非常棘手的事：一位房客签了一份租约，还有四个月才到期，但他却坚持要搬走，而按照合约，他依然要支付四个月的租金。但房客却说："我都不住在这里了，为什么还要付钱呢？"

比尔知道这件事后，心里想："我不能因为这点小事请律师，况且现在正是房屋出租的淡季，房客搬走后，房子就不容易租出去。"

经过一番深思熟虑，比尔准备找房客谈谈，他说："先生，根据我的观察和判断，你是一位非常讲信用的人，你绝对不会做出违背合约的事情。"

房客听到这一席话，陷入了沉思，比尔接着说："现在我有一个建议，你再考虑一下，如果到下个月一号交房租时，你还是坚持要搬走，那么我也不会阻止你……当然，我相信你不会这样做……"

听完这番话，房客沉默片刻，说："比尔先生，我接受你的建议，下个月一号我再告诉你我的决定。"

时间很快就到了，这天房客主动找到比尔说："你好！我已经和太太商量过了，决定继续住下去。因为我觉得按照合约的规定来做事，是非常光荣的。"

赞美男人，其次应该赞美他们的胸襟和风度。男人都比较好面子，即便是平常喜欢斤斤计较的男人，也不喜欢被人看作心胸狭隘，只要你赞美他的博大胸襟和绅士风度，接下来他也不会和你锱铢必较了。

赞美男人，最后不要忘了赞美他的家庭。赞美他的老婆漂亮，意味着他本人有魅力；赞美他的儿子聪明，意味着虎父无犬子，后继有人。

赞美女人，首先从外表入手。女人大多感性甚于理性，赞美对方的外表，总能赢得对方的欢心。即使对方的外表不一定特别漂亮，只要你有一双善于发现美的眼睛，就能捕捉到对方身上一眼就能看见诸如气质、服饰搭配等方面的闪光点。

赞美女人，其次要赞美她的家庭。赞美她的老公，等于赞美她的眼光和智慧；赞美她的孩子聪明、乖巧，无疑肯定她是贤妻良母。

14.批评人的技巧

批评和赞美是一对反义词，但在说话这门艺术里，两者不过是两种与人交流沟通的不同方式而已，赞美侧重于一个人的优点和长处，批评侧重于一个人的缺点和不足。

赞美人需要讲究方式和技巧，批评人同样不能草率从事。批评人，无论对象是谁，首先要正确认识。批评人既不是自己一个人发牢骚，也不是抱怨对方，更不是为了贬低对方，而是通过交流和沟通，让有缺点和不足的人改正缺点和不足，帮助对方不断进步。古语云：“闻过则喜。”因为受到诸多主客观因素的限制，很多人难以发现自己身上的缺点和错误，批评就是指出对方的缺点和错误，并让对方能虚心接受。

其次，要有理有据。批评人，不管是家长对孩子，还是老师对学生，抑或上司对下属，都应该做到有理有据。所谓有理，就是对方的行为确实存在缺点或不足，确实不符合大家公认的行为规范和标准。有据，就是对方的确有行为过错的事实，并非是自己的臆想，也不是自己道听途说。

再次，要注意时间和场合。过于心急，对方自我反省有一定难度，同时，自己也有可能在判断上出现偏差；搁置时间长了，对当事人改正缺点和错误不利。因此，时间上要恰到好处。至于场合，首先要面对面，背地里说就不是批评，而是讲别人坏话；其次要避开人多的场合，最好是单独进行，以免伤及对方自尊。

再其次，要公正无私。要心平气和地和对方摆事实讲道理，要就事论事，不可将事扩大化；要给对方辩解的机会，不能依靠自己的权势、地位压制对方。只有这样，对方才会心服口服，否则，要是对方只是口服而心不服，不仅于事无补，还有可能激化双方的矛盾。

批评人的技巧

首先：正确认识

其次：有理有据

再次：注意时间和场合

再其次：公正无私

最后：为对方着想

和对方交流沟通，帮助对方进步

有时候，鼓励比批评更重要

倍德福是洛克菲勒的合作伙伴。他曾经在南美洲做了一笔生意，由于决策失误，使得美孚石油公司亏损了一百万元。

倍德福怀着忐忑不安的心情走进办公室时，发现洛克菲勒的表情非常镇定，他正伏在桌子上，用铅笔在一张纸上写字。洛克菲勒看到倍德福后，用平静的语气说："倍德福先生，我想你已经明白为什么会亏损，所以在叫你进来之前，我做了一些笔记。"

倍德福感到很纳闷：为什么洛克菲勒没有责备自己呢？他到底在纸上写了什么呢？难道是让我辞职的理由吗？……

过了一会儿，当倍德福走出办公室时，感到心情无比舒畅，而且他还暗下决心，今后要更加努力地工作，弥补这一次的损失。

为什么倍德福会有这样的感受呢？原来，洛克菲勒在纸上写着："倍德福曾经为公司所做的贡献……"下面是倍德福一大堆优点。他夸奖倍德福曾经为公司做很多贡献，带来的收益远远超过这次的损失。

洛克菲勒不但没有对他大发雷霆，而且还给予倍德福很大的鼓励。

最后，要为对方着想。对方虽然存在缺点和不足，的确是犯了很大的错误，甚至造成大的损失，但对方也是一个人格独立的人，也需要被理解和尊重。所以，批评人的时候，态度要和蔼，语气要亲切，要尊重对方的性格特点和心理需求，最为重要的是，要相信对方、鼓励对方，帮助对方迅速摆脱阴影，不断取得进步。

15.避免无谓争辩的技巧

在社会交往中，每个人都是相对独立的个体，都有自己不同于别人观点和看法，从居家琐事到国家大事，每个人都有自己独到的见解。遇到不同意见的时候，总会想尽办法阐明自己的观点和主张的正确性，力图让别人放弃原有的主张、接受自己的意见。于是，辩论在所难免，而且随处可见。

每个人都有好胜之心，都希望在争辩中获得胜利。人同此心，心同此理，由于每个人都想推翻对方的看法，树立自己的观点，使得辩论和一般的说话有很大的不同。可以说，辩论作为带有“敌意”的语言行为，有的时候，非但不能让对方接受自己的观点和看法，还会给彼此造成极大的不愉快，进而影响自己的人际关系。对于类似的无谓的争辩，需要尽量避免。

避免无谓的争辩的技巧

首先 → 确认辩题的价值。避免参与毫无价值的辩题争辩。

其次 → 保持冷静的头脑、理智的思维。避免参与缺乏普遍性和公理性辩题的争辩。

最后 → 看清辩论的对象。不和身份过于悬殊、个性太过霸道的人争辩。

争 辩

妻子怀疑老公有事骗她，于是质问老公：“说！你为什么骗我？”老公：“哪有啊！我骗你干什么？”

妻子：“我怎么知道你骗我要做什么？从实招来！”
老公：“真的没有啦！骗你对我有什么好处？”

妻子：“对喔！你有什么好处？说！”
老公：“没有任何好处。

妻子：“没有好处？！那为什么要骗我？”
老公：“……”

男朋友：你穿的上衣会不会太低胸了一点啊?

女朋友：还不是因为天气太热，难道你想我裹成粽子和你约会吗?

男朋友：你什么意思？我看你是故意要跟我吵！

女朋友：你这人真奇怪，衣服是穿在我身上，和你有关系吗?

为了尽量避免无谓的争辩，首先要确认辩题的价值。辩论的过程，实际上是一个求知和探寻真理的过程。只有有价值的辩题，才值得我们为之付出努力，否则，要是一些鸡毛蒜皮、毫无价值的辩题，即便自己最终能获得争辩的胜利，也没有多大的意义，又何必吃力不讨好呢？面对这样没有价值的辩题，就算有人故意挑衅，也不予以理睬，最好一笑置之。

为了避免无谓的争辩，其次要保持冷静的头脑、理智的思维。有些话题，诸如“先有蛋还是先有鸡”之类，永远都不会辩出结果。对于这样的辩题，应该尽量回避。还有一类辩题，缺乏普遍性和公理性，大多和个人的情感、欲望、面子联系在一起，使双方在辩论的时候难以心平气和，难以客观公正。当然，一番辩论之后，最终也不会有好结果。

最后，为了避免无谓的争辩，应该看清辩论的对象。辩论是敌对的，但也是平等的。只有双方本着相互尊重的态度，重事实、讲道理，辩论才会有理想的结果。否则，要是辩论双方地位相差太过悬殊，处于强势的一方，不是拿事实说话，不是以理服人，而是凭身份压人，辩论就会被扭曲变形。还有一类人，心胸狭隘、性格粗暴，不遵守辩论的基本规则和大众逻辑，以大嗓门压人，或者恶意进行人身攻击，甚至在理屈词穷的情况下动粗伤人，这样的辩论，也应避免。

16.应对诡辩的技巧

诡辩就是以任意的方式，凭借虚假的根据，将一个真的道理否定，或者将一个虚假的道理弄得像真理一样。针对同一个事物，或者同一个问题，真理永远只有一个。有的人，不是出于无知，而是根据特殊的需要，明知自己的观点和主张错误，仍旧想方设法颠倒是非、混淆黑白，以求别人认可和接受自己的错误观点和主张。

从本质上讲，诡辩和我们熟知的强词夺理、散布谣言、传播谬误均有不同。强词夺理和散布谣言是不需要理由、不需要依据，也不需要遵照逻辑规则；诡辩则是表面上遵守逻辑和推理的规则，还为自己的错误论点寻找种种依据和理由，因而更具欺骗性，更能迷惑人。传播谬误的人，主观上不知道自己的观点错误，诡辩者明知自己的观点错误，却设法为其穿上貌似合理的外衣。

诡辩者惯常使用的伎俩大致有以下几种：

第一，含糊其词，模棱两可。故意违反论题要明确的原则，论点含混暧昧，似是而非。

第二，偷换概念、偷换论题。就是偷偷改变一个概念的内涵

诡辩的惯常伎俩和应对技巧

伎俩	举例	办法
偷换概念	旅客说："这房间黑又闷，像监牢一样！"服务员说："你当过犯人、住过监牢吗？"	明确指出其概念错误
虚假论据	假定2=1。教皇与罗素是两个人，既然2=1，教皇与罗素就是1个人，所以罗素是教皇。	指出其假定错误
循环论证	《圣经》上说神是存在的。由于《圣经》是神的话语，必然正确，所以神是存在的。	指出其实质性错误
以人为据	男："我纯洁的爱情只献给你一个人。"女："那么你不纯洁的爱情给了谁呢？"	以其人之道还治其人之身
诉诸权威	孟母三迁，成就了孟子；想要成才，就要搬三次家。	指出权威并不代表真理
人身攻击	法拉第最初发现电磁感应原理的时候，有人冷嘲热讽地问他："这个原理对我们的生活有什么用呢？"法拉第马上反问对方："刚生下来的婴儿有什么用呢？"	以其人之道还治其人之身
机械类比	母："起来吧！公鸡叫了！"儿："不关我事，我不是母鸡！"	指出本体和喻体的根本差别

和延伸意旨，使之变成另外一个概念。

第三，虚假论据。用编造的例证和错误的原理，论证错误的论题。

第四，循环论证。用论据证明论题，又用论题证明论据。

第五，以人为据。用对某人品德的评价代替对论题的论证。

第六，诉诸权威。用权威人士的个别言论代替对论题的逻辑论证。

第七，人身攻击。用攻击、谩骂代替对具体论题的论证。

第八，机械类比。故意把两个性质根本不同，或只是具有某种表面相同（或相似）的对象拿来作类比。

第九，以偏概全。是指故意用片面的、不充足的根据，冒充全面的、充足的论据去进行论证。

17.雄辩的技巧

雄辩是诡辩的天敌。诡辩是明知自己的观点错误，却采取一切手段，企图证明自己的观点正确。雄辩是知道自己的观点正确，同时采取科学、合理的手段，来证明自己的观点正确。针对同一个事物或同一个问题，真理只能有一个，诡辩看起来头头是道，但在雄辩面前，就会原形毕露。所以，雄辩是挫败诡辩最有力的武器。

想要成为一个无往不胜、受人尊敬的雄辩家，第一，在思想上要藐视对手，在细节上则要重视对手。只要真理掌握在自己的手上，就不怕对手诡辩，在思想上藐视对手，能够让自己获得充分的自信，无论处于什么情势，都坚信自己能够最终击败对手。在细节上要重视每一个对手，了解、掌握对手的性格、思辨方式以及惯常的伎俩。只有做到知己知彼，才能保证百战百胜。

第二，要善于随机应变。尽管真理掌握在自己的手上，但对手绝不可能因为这点就自动投降认输。他们会想尽办法争取胜利，特别是遇到诡辩高手的时候，他们的手段和伎俩只有你想不到的，没有他们做不出来的。因此，唯有随机应变、见招拆招，才能确保自己立于不败之地。

第三，要善于抓住时机。做每一件事情，都有一个最佳时机，论辩同样如此。只有在最佳时机，抓住对方的破绽，方能一举击败对手。否则，行动过早，时机尚未成熟，对方的破绽还没有露出来，就会无的放矢或打草惊蛇；行动过于迟缓，对方已经护住软肋，甚至已经确立胜势，局面实难扭转。

第四，要善于造势。论辩是一场没有硝烟的战争，气势决定胜负。倘若能够先发制人，一开始就在气势上压制住对方，不给对方任何机会，那固然最好。要是开始双方势均力敌，甚至对手略占上风，就应先稳固防守，再步步紧逼，直到建立优势，取胜

雄辩的技巧和表现方式

雄辩的技巧和表现方式

第一	第二	第三	第四	第五
研究对手	随机应变	抓住时机	善于造势	灵活多变
在思想上藐视对手，在细节上重视对手。	随机应变，见招拆招。	掌握最佳时机，抓住对方破绽，一击制胜。	争取在气势上压制住对方，不给对方回旋的余地。	机敏快速，灵活多变。

雄辩者的反击

萧伯纳，1856年—1950年，爱尔兰剧作家，1925年，因为其作品具有理想主义和人道主义精神，获诺贝尔文学奖。是现代杰出的现实主义戏剧作家，也是世界著名、同时擅长幽默与讽刺的语言大师。代表作品有《卖花女》、《魔鬼的门徒》、《巴巴拉少校》等。

有一次，瘦削的萧伯纳遇到一位身材肥胖的商人。商人想借机取笑他，便说："人们看见你，就知道世界上现在正在闹饥荒。"

萧伯纳不慌不忙地回击，说："人们看见你，就知道闹饥荒的原因了。"

虽然他只是在别人的话里加上几个字，但经过这样的改动之后，谁都能读出话中对商人唯利是图、为富不仁、奸诈狡猾的无情揭露与针砭意味。

有一次，有一个资本家想在众人面前羞辱萧伯纳。他大声宣告说："人们说，伟大的戏剧家都是白痴。"萧伯纳笑着说道："先生，我看此时此刻你就是最伟大的戏剧家。"

想羞辱别人却自取其辱，这个人气得脸都绿了。

对手。

第五，要机敏快速、灵活多变。辩论场上，特别是高手对决，胜负常在转瞬之间。懂得说话艺术的人，在辩论的时候，固然有很多方法和技巧可供选择使用，但方法和技巧都是死的，人才是活的，生搬硬套肯定行不通，唯有机敏快速、灵活多变，才能所向披靡。

18.先声夺人的技巧

先声夺人是一个具有普遍意义和广泛用途的词语。最早用在军事上，是指双方交战的时候，一方先张扬自己的声势，威慑对方、压倒对方，从而达到不战而屈人之兵的效果。后来用在戏曲上，杂剧第一出介绍剧情的部分就叫“先声”。好的“先声”，能够产生让人欲罢不能的效果。再后来，“先声夺人”这个词的用途越来越广泛，比喻行为做事，抢先一步下手，掌握主导权。

说话是通过有声的语言与人交流沟通，无论是日常生活中和家人、朋友闲聊，还是严肃场合和工作对象交涉、谈判，甚至是在炫目的舞台上和自己的对手对抗或辩论，都需要实现自己设定的目标和理想。如果一开始便先声夺人，就能充分掌握说话的主导权，就能把整个谈话和辩论的过程导入自己设计的程式和轨道，就能顺利地实现自己的目标和理想。

怎样才能做到先声夺人呢？说话的对象、主题、场合各不相同，是否需要先声夺人？怎样才能先声夺人？需要根据具体的情况来决定。

平时在比较轻松的场合，面对的都是自己熟悉的对象，谈话的内容和方式都比较随意和放松。这个时候，可以选择依附别人的话题，别人说什么自己跟着说什么。但是，假如自己不想被别人主导谈话的主题和内容，就可以抢先一步，抛出自己想要谈论的话题，让别人跟随自己的步调。这种情况下的先声夺人，可以提高谈话的效率，避免无聊的闲谈。

绝大多数人都对推销员怀有本能的抗拒心理，假如你想成功推销自己的产品或服务，最好的办法就是先声夺人。给对方造成不是需不需要、买不买的态势，而是需要多少、购买多少的态势。延伸到商业谈判，自己也可以在谈判一开始就抛给对方自己希望的合作条件，暗示对方只能在自己的条件范围内进行选择和决定。

先声夺人的“声”，就是声势，既可以借助声音，也可以借助气势。在演讲和辩论的时候，既可以凭借铿锵有力的语音，也可以凭借不容违逆的语气，还可以凭借磅礴的气势，把自己的观念、主张植入听众和对手的脑海，以求让对方跟着自己的步调前进。

先声夺人的技巧

- 抛出主导性的话题
- 制造压迫性的态势
- 形成压倒性的气势

→ 把自己的思想和意志灌输给对方，形成先入为主的态势，让对方自觉或不自觉地跟着自己的指挥棒转。

先发制人的典故

项梁，?—公元前208年，下相（今江苏省宿迁市）人。秦末著名起义军首领之一，楚国贵族后代，项羽的叔父。生性豪放、骁勇善战。在反秦起义的战争中，因轻敌，在定陶被章邯打败，战死。

项羽，公元前232年—前202年，中国古代著名将领及政治人物，秦下相（今江苏省宿迁市）人，项梁的侄儿。秦末时被楚怀王熊心封为鲁公，在公元前207年的决定性战役巨鹿之战中，统率楚军大破秦军。秦亡后自封为“西楚霸王”，统治黄河及长江下游的梁楚九郡。后于楚汉战争中，为汉高祖刘邦所败，在乌江自刎而死。

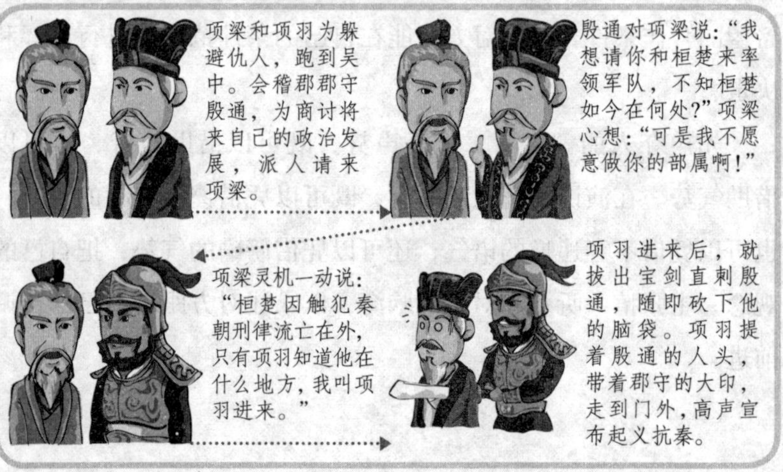

19.引人入胜的技巧

引人入胜，就是把人引入美妙的境地。一般指艺术作品的前一部分制造很好的开头，对欣赏者产生巨大的诱惑力。引人入胜的说话技巧，就是指说话的人，在一开始就紧紧抓住听众的心，使听众内心产生欲罢不能的渴望。

朋友或同事聚会，有的人总是成为众星捧月的焦点，有的人却只能籍籍无名地待在角落，这是为什么呢？因为前者说话讲究方法和技巧，能够引人入胜，后者却不能。而且，通常情况下，前者拥有很好的人际关系，无论生活中还是工作上，都能左右逢源。

同一种产品或服务，让不同的推销员推销，结果会很不一样。有的人推销很成功，不仅业绩傲人，为自己赢得丰厚的物质回报，也让自己体会到工作的乐趣；有的人业绩平平，所得甚少。这又是为什么呢？关键在于自己的推销手段和技巧。前者的推销能够引人入胜、打动客户的心，后者则不能。

对说话引人入胜要求最高的场合，就属演讲。演讲的过程相比其他的说话方式更为漫长，而且基本上是一个人在唱独角戏，如果没有引人入胜的技巧，没有驾驭场面的能力，听众就会分心

引人入胜的技巧

所需场景

- 家长或老师教育孩子
- 朋友或同事聚会
- 推销员推销
- 当众演讲

方法技巧

- 精心设计开场白
- 善于制造疑问
- 善于调整节奏
- 善于和听众互动

引人入胜的剧本

儿子：“妈妈，我们公司里一个出自书香门第的男孩，爱上了一位清洁女工人。”妈妈：“这是一件好事啊！我马上把这件事写成一个剧本。”

儿子：“你们当作家的就喜欢挖掘这种题材，连这种小事也值得写进剧本里？”妈妈：“门当户对是老观念了，像这样勇于冲破传统习俗的爱情，应该好好地宣传。”

儿子：“妈妈，这个人就是我。”
妈妈瞪大眼睛问：“什么？”

午餐时间，Anan正在和新同事May聊天……

Anan：你是刚毕业的大学生吗？

May：我毕业很久了！看起来还像学生？哇……太棒了！

Anan：听说你对美食有研究？

May：是啊，要不要传授一些经验啊？呵呵……

因为Anan的谈话主题引人入胜，May自然也滔滔不绝地说起来。

走神，就会产生厌倦情绪。演讲的效果可想而知。

怎样才能使自己的说话或演讲引人入胜呢?

首先，要有一个好的开始。一般场合说话的开头和演讲时的开场白，都需要精心设计。如果一开始就让听众失去兴趣，想再把他们拉回来就很困难。

其次，要善于制造疑问。每个人都有求知欲和好奇心，在谜底揭开之前，大家的兴趣都不会减。

再次，要善于调整节奏。无论平常说话还是当众演讲，节奏的把握都很重要。语速要有快有慢，语音要有轻有重。

最后，要善于和听众互动。

20.移花接木的技巧

移花接木的原意，是把一种花木的枝条、嫩芽或花朵，嫁接到另一种毫不相关的树木枝体上面。也就是用一种假的东西代替真的东西，从而实现自己的目的。类似的说法，还有“偷梁换柱”、“偷天换日”等。

移花接木看起来就是弄虚作假，因此一直以来都略含贬义。但在说话这个领域，有时会碰到一些不便或不必回答的问题，缄默是不允许的，用“无可奉告”的外交辞令又显得不够礼貌。此时，如果“偷换概念”，故意曲解对方的原意，不仅能够有效化解尴尬的场面，还可以充分展示自己的睿智和机敏。

在某地有这样一个风俗，只要有人活到99岁高龄，人们都会为他（她）过生日。有个村里的一位老人要过99岁生日了，村长自然也来捧场，他很自豪，因为在他的村中出了这么一位大寿星是远近闻名的事。他高兴地向老人道喜：“老伯伯，衷心地祝贺您!我希望明年能给您庆贺百岁大寿!”

老人很认真地打量了村长一番，然后说：“为什么不行呢?您身体好像挺结实……”

移花接木的技巧，在各类辩论中的作用尤其巨大。主要方法是：

其一，曲解对方言论，把它推翻，从而达到推翻对方真正言论的目的。

其二，断章取义，从对方的言论中选取有误导性的话。

其三，选取其他与对方拥有相同立场的人，把他们某一相对软弱的论据推翻，从而推翻对方所有的立场。

其四，假设一个行为和信念遭受批评的人物，再把这个人物强加到对方的群体里。

“移花接木”说话技巧的关键，在于两个概念之间的相互置换。至于用于置换的概念，可以是现成的行业术语、专业术语、政治术语，也可以是自己灵机一动想到的术语。

移花接木的技巧

其一：曲解对方的言论，再把它推翻，从而达到推翻对方真正言论的目的。

其二：采用断章取义，从对方的言论中选取有误导性的话。

其三：选取其他与对方拥有相同立场的人，把他们某一相对比较弱的论据推翻，从而推翻对方所有立场。

其四：假设一个行为和某一信念遭受批评的人物，再把这个人物强加到对方的群体里。

为什么要保护动物

老师：“为什么要保护动物？”
学生：“因为动物都未成年。”

老师：“为什么？”
学生：“因为绝大多数动物都不能活过18岁，尤其是野生动物。”

我没有意见

威尔逊在担任新泽西州州长时，有一天，接到一通电话，得知有位新泽西州议员朋友去世的消息，威尔逊感到无比震惊和悲痛，立即取消当天的行程，并赶往朋友家。

正在这时，威尔逊接到一位政客的电话：“州长，我希望能接替那位去世议员的位置。”
威尔逊对此人迫不及待的态度感到厌烦，却慢条斯理地说道：“如果殡仪馆同意的话，我当然没意见。”

面对冷酷无情、迫不及待想登上议员位置的政客，威尔逊故意曲解对方的意思，以既委婉又毫不留情的方式嘲讽对方。

21.以退为进的技巧

春秋时期，晋国公子重耳逃亡国外，得到楚成王的礼遇。其间，楚成王问重耳：“你日后做了晋国国君，该怎么报答我呢？”重耳说：“要是晋国和楚国发生战争，我会命令晋国的军队退避三舍。”后来，重耳果然回国做了国君，就是晋文公；再后来，晋、楚两国果然在城濮发生战争。双方对峙，晋文公兑现当初许下的诺言，命令晋军后撤90里（每舍30里，90里刚好是三舍）。楚将子玉因此产生骄傲和轻敌的思想，结果楚军被晋军大败。此战奠定了晋文公春秋霸主的地位，他退避三舍的做法，也成为我国历史上“以退为进”最成功的典范。

“以退为进”作为说话的技巧和方法，也有非常广泛的用途和显著效果。对方处于非常强势的地位，而且说话的态度和语气比较强硬时，和对方正面交涉，提出自己的要求和愿望，通常情况下是无法成功的。比如对方是你的上司，尽管你的要求和愿望非常合理，但就是不符合（或暂时不符合）上司的要求，最好的办法，就是后退一步，以更加合理、更加有效的方式，从侧面向对方表达自己的要求和愿望。其他场合如推销也可如此，如果发现自己的目标愿望不能一下子全部实现，最好的办法也是后退一

以退为进的技巧

场合

- 推销产品 —技巧→ 正面遇挫，就从侧面进攻；目标过大，就分解目标。
- 面试求职 —技巧→ 不可一味吹嘘自己的优点，可适当暴露自己可爱的缺点和不足。
- 谈判桌上 —技巧→ 当谈判陷入僵局，可作有计划、有原则的让步。
- 辩　论 —技巧→ 直接进攻显得乏力的时候，后退一步再进攻，会有更大的威力。

晏子使楚

晏子，公元前578年—前500年，名婴，字平仲，春秋时期齐国夷维（山东高密）人。春秋后期重要的政治家、思想家、外交家。晏子以有政治远见和外交才能、作风朴素闻名诸侯。虽然他身材不高、其貌不扬，但他爱国忧民，敢于直谏，聪明机智，博闻强识，善于辞令，主张以礼治国，在诸侯和百姓中享有极高的声誉。

有一回，齐王派大夫晏子去访问楚国。楚王仗着自己国势强盛，想乘机侮辱晏子，以显楚国的威风。

晏子身材矮小，到楚国时，楚王叫人把城门关闭，只开一个狗洞。晏子看了说：“只有访问‘狗国’才从狗洞进去。”楚王只好吩咐开城门，迎接晏子。

楚王想羞辱他，就问：“难道齐国没有人吗？”晏婴说：“齐国首都街上的行人，一举袖子就能把太阳遮住，怎会没人呢？”

楚王：“那怎么派你这样的人出使呢？”晏婴：“齐王派人是依据别国国君贤明度。我是齐国没出息的人，因此被派到楚国。”

楚王宴请晏子。正当他们吃得高兴的时候，有两个武士押着一个齐国的囚犯从堂下走过。楚王叹息道：“齐国人真没出息！”

晏子说：“淮南柑橘大又甜，可是橘树种到淮北，却长出小又苦的枳。齐国人民在齐国安居乐业，到楚国却成为盗贼！”楚王只好道歉。

步，把自己的目标愿望进行分解，然后再一步一步地接近目标。

求职面试，很多人都会尽可能全面地展示自己的优点和长处，甚至不惜自吹自擂，而对自己的缺点和不足，总是想方设法地遮掩。殊不知，人无完人、金无赤足，以面试官的老道，是很容易从你的言行举止中发现你的缺点和不足的。因此，与其被对方发现自己的缺点和不足，不如自己后退一步，主动交代自己一些可以让人接受，甚至是可爱的缺点和不足。

以退为进的说话技巧，更常表现在谈判桌上。不管是商业谈判，还是其他形式的谈判，只要有谈判，就会有利益得失，每一个谈判代表，都希望自己代表的谈判主体利益最大化，但是，美好的愿望并不等于现实，你宁可把坐在对面的谈判对手看作是狡猾的狐狸，也不能妄想他是慷慨的慈善家。当谈判陷入僵局时，最好办法，就是作出有计划、有原则的让步。

22.妙语双关的技巧

“李白乘舟将欲行，忽闻岸上踏歌声。桃花潭水深千尺，不及汪伦送我情。”这是诗仙李白的名作《赠汪伦》。之所以能够有这一段佳话，全仗汪伦的真诚和机敏。据载，汪伦仰慕李白，听说李白游历到自己的家乡，就设法去见李白，并盛情要求李白到家里做客。他对李白说："我那里有十里桃花，万家酒店。"喜欢旅游和喝酒的李白于是坐着汪伦的小船前往。他们走了十里路，仅看见一株桃花，到目的地，也只看见一家挂着"万家酒店"招牌的酒店。汪伦的机敏，在于巧妙运用"妙语双关"的说话技巧。

"妙语双关"也就是一语双关。即一个词语含有两层意思：第一层意思大家比较熟悉，却是次要的；第二层意思比较隐晦，却是说话的人想要表达的真正意思，是关键。

作为汉语修辞手法之一，双关的构成有两种。一种是语音双关，如"道是无晴却有晴"，"晴"双关的是"情"，两个字的读音相同。另一种是语意双关。古时，有一位秀才想要调戏一个村姑，还自命风雅，他说："竹茂林深，叫樵夫如何下手？"村姑说："水清石见，叹渔夫自作多情！"秀才说："桃杏李梨，看琼芳如何结果？"村姑又说："稻麦薯椒，问杂种什么先生？"这"先生"一词，就是语意双关。

在有些场合，直接说出自己的意思和想法显得平淡乏味，使用双关的技巧，情形就大不相同。居里和玛丽同在巴黎的一个实验室工作，产生了爱情。一次，玛丽要回祖国波兰，居里害怕玛丽不再回来，就对玛丽说："你还会回来吗？答应我，你还会回来！你没有权利放弃科学！"玛丽回答说："我很愿意回来！"他们没有人提到爱情这个字眼，但两位伟大科学家的爱情已经非常美好地呈现在世人眼前。

妙语双关的技巧

定义 → 即一个词语含有两层意思：第一层意思大家比较熟悉，却是次要的；第二层意思比较隐晦，却是关键。

构成 → 一种是语音双关，另一种是语意双关。

特点 → 含蓄隽永、意味深长、妙趣横生。

妙语双关

有个县官带着随员骑着马去王庄，走到一个岔道口，不知道该朝哪边走。

正巧过来一个老农，于是县官在马上大声问老农："喂，到王庄怎么走？"
那老农急急忙忙地说："我没有时间回答你，我要去李庄看件稀奇事！"

县官问："什么稀奇事？"
老农说："李庄有匹马下（产）了头牛。"

县官问："真的？马怎么会下牛呢？"
老农说："世上稀奇事真多！我怎么知道那畜牲为什么不下马呢？"

车　票

一次，马克·吐温外出办事，乘坐一辆开得非常慢的火车。当查票员过来查票时，马克·吐温递给他一张儿童票。

检票员调侃道："我还真看不出来，原来您还是个孩子呢！"马克·吐温回答："现在我已经不是孩子了，但我买票上车时还是个孩子呢！"

在一些比较庄重、严肃的场合，即使遭到别人的无礼和侮辱，为了顾及身份，不宜针锋相对，直接还击，最好的办法，就是采用妙语双关的技巧，让对方哑巴吃黄连，有口说不出。

在一些比较轻松、自在的场合，直白说话，会显得呆板，使用双关技巧能活跃气氛，既展示了自己的语言魅力，也给大家带来乐趣。

23.幽默的本质和作用

什么是幽默？在日常生活中，许多人能时常感受幽默，欣赏幽默，制造幽默，但幽默的概念和定义，即便是专业的学术界，也是众说纷纭，难以统一。比较通行的说法是，幽默就是通过影射、讽喻、双关等修辞手法，在善意的微笑中，揭露生活中的讹谬和不通情理之处。

幽默是一种巧妙的语言方法，其特性是用曲折、含蓄的表现方式使人领悟其中的思想和哲理。笑是幽默的外部特征，没有笑就不成幽默。但是，幽默又不仅是笑，它和粗俗的笑话、简单的滑稽有一定的区别，在笑声背后，幽默还应该有深邃而又耐人寻味的哲理。幽默是会心的微笑，由心里发出的笑容。

从说话这门艺术的角度讲，说话的内容是一道菜的主料，幽

幽默的本质和作用

幽默的本质和作用

- 通过影射、讽喻、双关等方法，揭露生活中的不通情理处。
- 笑是幽默的特征，没有笑就不成其幽默。
- 幽默是会心的笑，是心里的笑。
- 幽默能够调节一个人的情绪，促使身处逆境的人奋发向上。
- 幽默能大幅地提高一个人说话的能力，让其充分享受生活的乐趣。
- 幽默是弥补缺失的针线包、是难堪挫折的平衡杆。
- 幽默是烹调一道菜必不可少的调味品。
- 幽默是一种优美的、健康的特质。

常见的幽默形式		表现形式
笑话	表现形式	通过有趣的人物对话或故事使人发笑。
相声	表现形式	通过语言或对话达到幽默效果。
无厘头	表现形式	借助看似毫无关联的语言或肢体语言使人发笑。
恶搞	表现形式	通过毫无道理的语言、涂鸦等使人发笑。
黑色幽默	表现形式	对社会、他人采取无奈、苦涩的冷嘲热讽。
白色幽默	表现形式	令人感到恐怖但又好笑的话。
冷笑话	表现形式	它包括幽默和冷两个方面。指不经意间卓然流露出的幽默，让人发愣、不解、深思、顿悟，最后大笑，是让人回味无穷的幽默。

默就是调味品。没有调味品，这道菜固然还是可以吃，甚至主要的营养成分也没改变，但味道却已经相差万里。

有人说：“幽默是一种优美的、健康的特质。”幽默感是一种高雅而可贵的情趣，是智慧和感情的结晶。幽默思维是一种愉快的思维，具有幽默感的人，往往是乐观主义者，为人处世比较灵活，很容易和周围的人建立良好的人际关系。幽默是人际交往非常好的润滑剂。

在家庭生活中，幽默能够缓解家庭矛盾，活跃家庭气氛，使婚姻更加稳固，使家庭生活富有情趣和韵味。

在工作和学习中，幽默能够有效缓解工作和学习的压力，能够密切自己和同事、同学、上司、下属之间的关系。

身处逆境的时候，一个人的情绪难免会低落，看不到未来，对未来失去信心，幽默能够调节一个人的情绪，促使身处逆境的人奋发向上。

在说话、演讲、辩论的时候，幽默能充分展示一个人的聪明和睿智，能使其话妙趣横生，能够有效吸引听众的注意力，能帮助其顺利实现人生目标。幽默能大幅地提高一个人说话的能力，并让其充分享受生活的乐趣。

24.源于智慧的幽默技巧

幽默是智慧的快乐表现，是一种达观坚强的人生境界，是一种超越机智的处世态度，是一种藐视困苦、解脱窘迫、化解忧愁的气度与技巧。懂得幽默的人，通常是有智慧的人，他们不拘泥于生活的种种常规，能以独到的眼光看待人事，从崭新的角度来发现事理，只需动一动脑子，就能语出惊人，收到意想不到的效果。

幽默没有统一的固定模式和技巧，在某一个特定的场合，可能是绝佳的幽默，换了一个场合，可能就寡淡无味了。因此，幽默需要人根据实际需要，灵活机智地发挥。而在此之前，你需要为幽默进行必要的练习。

首先，要不断学习，让自己的知识更加丰富。世界上伟大的幽默大师，说出的第一句话肯定也是缺乏幽默感。幽默是一种智慧的表现，必须建立在丰富的知识的基础上。有了广博的知识，才能有丰富的谈话资料，才能触类旁通、妙语成趣。

其次，要陶冶自己的情操，乐观地面对现实。笑是幽默必不可少的构成元素，没有积极向上的人生态度、宽容大度的胸襟，很难带给别人笑声。因此，要幽默，就要学会尊重和体谅他人，

源于智慧的幽默技巧

理论基础 → 幽默是智慧的快乐表现，是一种达观坚强的人生境界，是一种超越机智的人生态度，是一种藐视痛苦、解脱窘迫、化解忧愁的气度与技巧。

必要的修练
- 要不断学习，让自己的知识更加丰富。
- 要陶冶自己的情操，乐观地面对现实。
- 要多观察、多思考，培养自己深刻的洞察力和机智、敏捷的行动力。

具备技巧
- 首先从自嘲开始。
- 装糊涂制造幽默。
- 移花接木、偷换概念、欲擒故纵。
- 极端荒诞、声东击西、语意坦白。

最重要的不是方法，而是幽默的态度。

得吃鲸鱼

马克·吐温收到一封信。这是由一位年轻人所写，他向马克·吐温请教成为大作家的重要诀窍。

信中说：“听说鱼含有大量的磷，而磷是有利于脑子的。看来要成为一个大作家，一定要吃很多鱼吧？但不知道你究竟吃哪种鱼，又吃了多少呢？”

马克·吐温回信说：“看来，你得吃一条鲸才行。”

就要学会善待自己，善待身边的一切人和事。

最后，要多观察、多思考，培养自己深刻的洞察力和机智、敏捷的行动力。只有迅速地捕捉事物的本质，以恰当的方式、精妙的语言，及时地把自己的灵光传递出去，才能带给别人快乐。

具备幽默特质、有幽默感的人，可以信手拈来，尽情发挥。

尝试幽默，首先从自嘲开始。能自嘲的人，勇于把自己的缺点或不足坦率地公诸于众的人，代表的是自信，表现的是开阔的胸襟。

欲擒故纵、极端荒诞、声东击西、语意坦白等，都是被人频繁采用的幽默技巧。但这些还不是全部，也不是最重要，最重要的是拥有幽默的心态。

25.源于修辞的幽默技巧

源于修辞的幽默技巧，就是利用修辞手段（修辞格），使自己的语言更加风趣幽默、生动好笑。

修辞来自于语言，为语言表达服务。很多民族有属于自己的语言，也就有专属于该民族的修辞手段和方法。文学中的修辞手段非常丰富，很多修辞手段不仅能够制造幽默，而且效果极佳。

比喻。比喻就是用某些有类似点的事物来比拟想要说明的事物，也叫譬喻、打比方。比喻是中文使用范围最广的修辞方法，当然也是最常使用的幽默技巧之一。所不同的是，一般的比喻以贴切、神似、谐调为原则，幽默则反其道而行之，刻意追求由反差过大或因对比荒谬所造成的不谐调效果。如："光阴像肉包子打狗有去无回。"

夸张。夸张就是运用丰富的想象力，在真实的基础上极度地放大或缩小事物的特征，以增强表达效果，也叫做夸饰、铺张。如，蚂蚁对大象说："我怀了你的孩子。"

拟人和拟物。拟人是把物"人性化"，拟物是把人"物性化"。如，竖在草坪上的牌子上写着："别踩，我怕疼。"

反问。反问就是针对对方思想、观点中的破绽，提出一个针锋相对的问题，其幽默效果来自于出人意料。如，有人说流行的都是好的，反问："那么，流行性感冒呢？"

借代。修辞学上的借代，是指用对象的部分取代整体；幽默中的借代，是直接用一种东西，指代另一种东西。如，有人问爱因斯坦成功的秘诀，爱因斯坦给了一个公式：成功＝X+Y+Z，并解释说："X代表艰苦的劳动，Y代表正确的方法，Z代表少说废话。"

引用。就是在特定的环境下引用别人的话语或成语、谚语、格言等，因为具体的环境而产生幽默的效果。如："有人说女人

源于修辞的幽默技巧

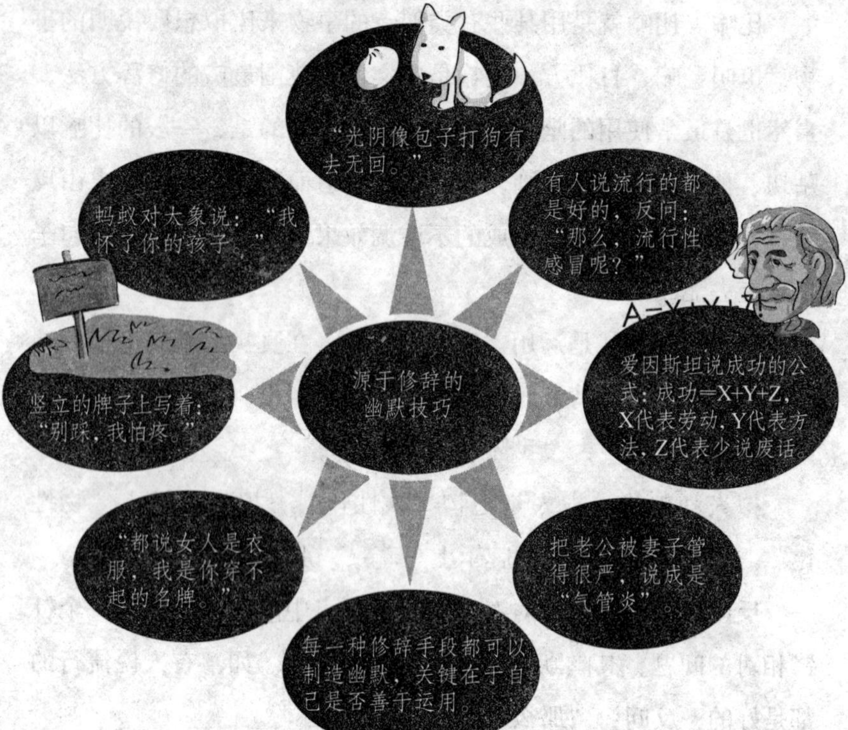

笑话一则：近亲禁止结婚

一对夫妻正在吵架。

妻子对老公大叫道："当初我真是瞎了眼，我就是嫁给魔鬼也比你强一百倍！"

老公："那可不行！法律规定，近亲禁止结婚。"

是衣服，我是你穿不起的名牌。”

谐音。就是故意仿效、描绘某人语言上的幽默之处的修辞手法。如，把老公被妻子管得很严，说成是“气管炎”(谐音“妻管严”)。